KOREDAKE!

これだけおさえる！

COMPACT SERIES

THE HANDBOOK FOR SUCCESS
IN ENTRANCE EXAMS
ESSENTIAL POINTS OF
BASIC CHEMISTRY

# 化学基礎 の 要点整理

JN048603

Gakken

# はじめに

本書を手に取っていただき，誠にありがとうございます。

このシリーズは，忙しい高校生の皆さまが効果的かつ効率的に学ぶことができるような要点整理本を目指して刊行しました。

高校での学習内容は中学までと比較して専門性が高くなり，学習量も増加します。さらに，部活動との両立も求められるため，効率的な学習が不可欠になります。

本シリーズは，授業の予習から通学時間のスキマでの学習，そして定期テストや模試・入試の直前まで，さまざまな学習シーンに対応できるように工夫しています。

解説ページでは，「これだけ！」にその単元で特に重要なポイントを簡潔に表しています。また，学習内容を厳選してコンパクトにまとめているので，読むだけでも頭の整理ができるようになっています。

学習した内容はすぐに一問一答で演習できるため，知識を確実に定着させることができます。無料のアプリも利用できるので，自分の学習スタイルに合わせて効果的に活用してください。

本書が，忙しい高校生の皆さまに寄り添い，成績向上の一助となることを心より願っています。

Gakken 編集部

# 本書の特長

## 「これだけ!」をチェックして
## 得点アップ!

各項目では，特におさえておきたい要点をコンパクトにまとめています。はじめて学習するときや，定期テスト直前などにチェックしましょう。

## 「わかりやすい解説」で
## ポイントを整理!

各項目では特に重要な用語や事象などを厳選し，簡潔に解説しています。オールカラーのイラストや表を多数掲載しているので，文章だけでなく視覚的にも理解することができます。

## 「一問一答」で演習して
## しっかり定着!

要点が整理できたら，一問一答で演習をしましょう。演習を繰り返すことで，知識をしっかりと定着することができます。

# 本書の使い方

## ● 解説ページ

各セクションでまず最初に理解しておきたい要点を厳選しています。図解やグラフ，表などを活用し，情報を整理しながら学習を進めましょう。

### これだけ！

重要な用語やポイントは赤フィルターでチェックできます。繰り返し確認し，演習しましょう。

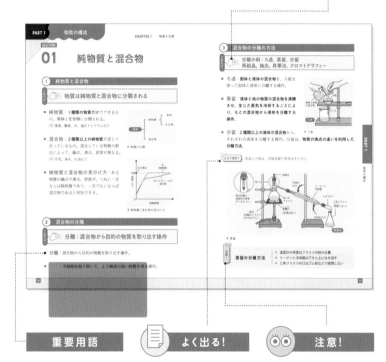

### 重要用語

重要な用語やポイントは赤フィルターでチェックできます。繰り返し確認し，演習しましょう。

### よく出る！

試験で出題されやすい内容を紹介しています。

### 注意！

試験でミスをしやすかったり，誤って理解したりする内容を紹介しています。

## ● 一問一答ページ

各セクションで学習した内容を復習できます。定期テストなどの試験直前に知識の確認のために活用しましょう。

---

**★ 重要度** ▸ 重要度を★の数で表しています。

★★★　テストで頻出の問題です。
　　　　必ず答えられるようにしましょう。

★★☆　難易度が少し高く，点差がつく問題です。

★☆☆　発展的な内容を含みます。

**ANSWER 解説**

難易度の高い問題や計算問題などには解答と解説があります。実践的な問題が多いので，解説を読みテストに備えましょう。

# 本書を活用できる
# おすすめシーン！

## ☑ 明日の授業の予習に！

最初は「これだけ！」をチェックしましょう。「これだけ！」には，各テーマで最も重要なことが書かれているので，まずは「これだけ！」を読むだけでも頭を整理することができます。

## ☑ コツコツ日々の通学時間に！

スキマ時間を有効活用して，コツコツと学習しましょう。一回ですべて学習する必要はありません。赤フィルターや一問一答アプリを活用して，繰り返し演習しましょう。

## ☑ 定期テスト前日の確認に！

定期テスト前日には，解説ページをチェックしましょう。要点が簡潔にまとまっているので，全体像をつかむのに役に立ちます。自分が理解できていない単元があれば，教科書や授業ノートを確認したり，問題集で演習をしたりして対策しましょう。

## ☑ 模試・入試の直前対策に！

模試や入試の直前には，苦手な単元や不安な単元を集中してチェックします。直前に学習した箇所が出題されることもあります。ギリギリまで諦めずに学習することこそが，得点アップにつながります。

# 一問一答アプリで
# トレーニング!

CHECK!

**STEP 1**
スマートフォンやタブレットで
右の2次元コードを読み取りましょう。

⇩

**STEP 2**
LINE 公式アカウント「学研　Study」が表示されたら,
LINE の友だちに追加してください。

⇩

**STEP 3**
トーク画面の「メニュー」を選び,
一覧から『これだけおさえる!化学基礎の要点整理』を
タップしてください。

⇩

**TRAINING!**　本書の一問一答の問題をアプリで演習できます。

通学寝る前などの
スキマ時間にトレーニング!

＊ご利用には LINE アカウントが必要です。
＊アプリのご利用は無料ですが,
　通信料はお客様のご負担になります。
＊ご提供は予告なく終了することがあります。
＊画像は制作段階のものです。

# もくじ

**PART 1**

# 物質の構成 12

### CHAPTER 1　物質と元素

### CHAPTER 2　物質の三態と熱運動

# CONTENTS

KOREDAKE!

## PART 2

# 物質の変化　　　88

# CONTENTS KOREDAKE!

**CHAPTER 3**　　酸化還元反応

# 01　純物質と混合物

## 1　純物質と混合物

これだけ！ 🖐 **物質は純物質と混合物に分類される**

- **純物質**：**1種類の物質だけ**でできるもの。**単体**と**化合物**に分類される。
  (例) 窒素，酸素，水，塩化ナトリウムなど

↑ 物質の分類

- **混合物**：**2種類以上の純物質**が混じり合っているもの。混合している物質の割合によって，融点，沸点，密度が異なる。
  (例) 空気，海水，石油など

- **純物質と混合物の見分け方**：ある物質の融点や沸点，密度が，つねに一定ならば純物質であり，一定でないならば混合物であると判別できる。

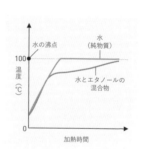

↑ 純物質と混合物の見分け方

## 2　混合物の分離

これだけ！ 🖐 **分離：混合物から目的の物質を取り出す操作**

- **分離**：混合物から目的の物質を取り出す操作。

- **精製**：不純物を取り除いて，より純度の高い物質を得る操作。

これだけ！ 分離の例：ろ過，蒸留，分留
再結晶，抽出，昇華法，クロマトグラフィー

● **ろ過**：**固体と液体の混合物**を，ろ紙を
使って固体と液体に分離する操作。

● **蒸留**：**液体と他の物質の混合物**を沸騰
させ，生じた蒸気を冷却することによ
り，もとの混合物から液体を分離する
操作。

↑ ろ過

● **分留**：**2種類以上の液体の混合物**から，
それぞれの液体を分離する操作。分留は，**物質の沸点の違いを利用した
分離方法**。

よく出る！ 蒸留と分留は，実験装置や原理は全く同じ。

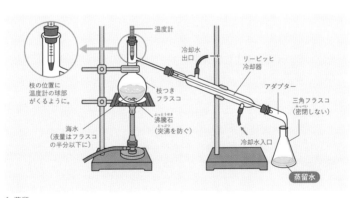

↑ 蒸留

注意！ **蒸留の分離方法**
● 温度計の球部はフラスコの枝の位置
● リービッヒ冷却器は下から上に水を流す
● 三角フラスコの口はゴム栓などで密閉しない

- **再結晶**：温度による**物質の溶解度の差**を利用して，固体の混合物から不純物を取り除く操作。

少量の硫酸銅(Ⅱ)五水和物（青色）を含む硝酸カリウム（白色） → 高温の水で溶解する。 → 冷却すると，硝酸カリウムのみが析出。硫酸銅(Ⅱ)は，水溶液中に溶けたまま残る。 → ろ過して水で洗うと，硝酸カリウムの純粋な結晶が得られる。

⬆ 再結晶

- **抽出**：**物質の溶解度が溶媒の種類によって異なることを利用**して，混合物から目的の物質を分離する操作。

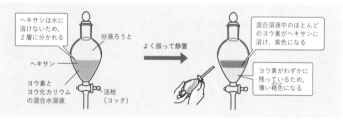

ヘキサンは水に溶けないため，2層に分かれる　分液ろうと

ヘキサン

ヨウ素とヨウ化カリウムの混合水溶液　活栓（コック）

よく振って静置 →

混合溶液中のほとんどのヨウ素がヘキサンに溶け，紫色になる

ヨウ素がわずかに残っているため，薄い褐色になる

⬆ 抽出

- **昇華法**：**昇華しやすい物質**を固体→気体→固体の状態変化を利用して分離する操作。

- **クロマトグラフィー**：複数の色素の混合物をろ紙につけ，適当な溶媒に浸すと，移動速度が異なる各色素が異なった位置に分離される。このように**ろ紙のような吸着剤に物質が吸着される強さの違いによって混合物を分離する**操作。

## EXERCISE

ANSWER

☑ 01 ★★★　1種類の物質からなるものは，[　　]である。 — **純物質**

☑ 02 ★★★　2種類以上の純物質が混じり合っているものは，[　　]である。 — **混合物**

☑ 03 ★☆☆　以下に示す物質5種類のうち，純物質であるものは[　　]である。

塩酸　空気　石油　食塩水　エタノール — **エタノール**

☑ 04 ★★☆　2種類以上の純物質が混じり合った混合物から，その成分である純物質を取り出す操作を[　　]という。 — **分離**

☑ 05 ★★★　液体とその液体に溶けていない固体を分離する操作を[　　]という。 — **ろ過**

☑ 06 ★★☆　液体を含む混合物を加熱して沸騰させ，生じた蒸気を冷やして，再び液体として分離する操作を[　　]という。 — **蒸留**

☑ 07 ★★☆　酸素は，液体空気から，酸素と窒素の沸点の差を利用した[　　]により製造される。 — **分留**

☑ 08 ★☆☆　次のような分離に適した方法を答えよ。
① 海水から真水を取り出す。
② 砂を含む食塩から砂だけを取り出す。
③ 砂の混じっているヨウ素から，ヨウ素だけを分ける。

ANSWER　① 蒸留　② ろ過　③ 昇華法
解説　① 蒸留装置を用いて，沸騰させてできた水蒸気を冷却し，水を分離する。
② 食塩を水に溶かしてろ過すると，砂がろ紙上に分離する。
③ ヨウ素の昇華性を利用する。

# 02 元素・単体・化合物①

## 1 元素

### これだけ！ 🖐 原子は粒子，元素は原子の種類

- **元素**：**物質を構成する基本的な成分**で，原子とよばれる最小粒子からできている。現在では，約120種類が発見されており，そのうち約90種類が天然に存在し，その他は人工的に作り出されたものである。

- **元素記号**：元素は，**アルファベットの大文字1字**，あるいは**大文字1字と小文字1字**を用いた元素記号で表される。

↑ 元素記号の表し方

| 元素名 | 元素記号 |
| --- | --- |
| 水素 | H |
| ヘリウム | He |
| 炭素 | C |
| 窒素 | N |
| 酸素 | O |
| フッ素 | F |
| ナトリウム | Na |
| 硫黄 | S |
| 塩素 | Cl |

| 元素名 | 元素記号 |
| --- | --- |
| リン | P |
| アルゴン | Ar |
| カリウム | K |
| カルシウム | Ca |
| 鉄 | Fe |
| 銅 | Cu |
| 亜鉛 | Zn |
| 銀 | Ag |
| ヨウ素 | I |

↑ 主な元素の元素記号

**2　単体と化合物**

これだけ！ 🖐 **単体は1種類，化合物は2種類以上の元素からなる**

- **単体**：**1種類の元素**だけでできている純物質。

  (例) 水素（$H_2$），酸素（$O_2$），鉄（Fe）など

- **化合物**：**2種類以上の元素**からできている純物質。

  (例) 水（$H_2O$），二酸化炭素（$CO_2$），硝酸カリウム（$KNO_3$）など

- **元素と単体の判断**：元素は**「物質を構成する成分」**，単体は**「実際に存在する物質」**を示している。

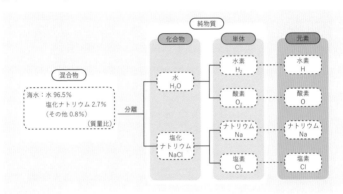

↑ 単体名と元素名

 注意！ 単体名と元素名の区別をしよう！単体名は実際に存在する物質で，気体・液体・固体を指している。元素名は化合物や単体の構成成分を指している。

物質の構成

これだけ！

(手のマーク) 同素体は S, C, O, P

● **同素体**：**同じ元素からなる単体で性質の異なるもの。**

例 硫黄（S），炭素（C），酸素（O），リン（P）など

よく出る！ 同素体をもつ主な元素：S, C, O, P
　　　　　→ SCOP（**スコップ**）と覚える。

● **同素体の性質の違い**：炭素の同素体「ダイヤモンド」と「黒鉛」や，
酸素の同素体「酸素」と「オゾン」などは，性質がまったく異なる。

| 酸素 O の同素体 | 酸素（$O_2$） | 無色・無臭の気体。 |
|---|---|---|
| | オゾン（$O_3$） | 淡青色・特異臭のある有毒な気体。 |
| 炭素 C の同素体 | 黒鉛 | 黒色でやわらかい。電気を通す。 |
| | ダイヤモンド | 無色透明で非常に硬い。電気を通さない。 |
| | フラーレン | 球状の分子で $C_{60}$ や $C_{70}$ などがある。 |
| 硫黄 S の同素体 | 斜方硫黄（$S_8$） | 常温で最も安定な黄色の結晶。 |
| | 単斜硫黄（$S_8$） | 針状の結晶。常温で放置すると斜方硫黄になる。 |
| | ゴム状硫黄（$S_x$） | ゴムと同じような弾力をもつ。純粋なものは黄色を示す。 |
| リン P の同素体 | 赤リン | 化学的に安定。毒性は弱い。 |
| | 黄リン | 空気中で自然発火するので水中に保存する。猛毒。 |

↑ いろいろな同素体

# EXERCISE

**ANSWER**

| | | |
|---|---|---|
| ☐ **01** ★★★ | 物質を構成している原子の種類を ◻ という。 | **元素** |
| ☐ **02** ★★★ | 1種類の元素からなる純物質は, ◻ である。 | **単体** |
| ☐ **03** ★★★ | 2種類以上の元素からなる純物質は, ◻ である。 | **化合物** |
| ☐ **04** ★★★ | 同じ元素の単体で性質の異なる物質を ◻ という。 | **同素体** |
| ☐ **05** ★★☆ | 以下の物質のうち, フラーレンと同素体の関係にあるのは ◻ である。<br>石英　黒鉛　黄リン　斜方硫黄 | **黒鉛** |
| ☐ **06** ★★☆ | 硫黄の同素体には, ◻ 硫黄, 単斜硫黄, ゴム状硫黄などがある。 | **斜方** |
| ☐ **07** ★★★ | 酸素の同素体には, 淡青色で特異臭をもつ有毒な ◻ がある。 | **オゾン ($O_3$)** |
| ☐ **08** ★★★ | リンの同素体である黄リンは, 空気中で自然発火することがあるので, ◻ に保存する。 | **水中** |

☐ **09** 次の文章中の下線部が表しているのは, 単体と元素のどちらか答えよ。
★★★
　① アンモニアは<u>窒素と水素</u>からできている

　② 骨は<u>カルシウム</u>を含む

　③ 水を電気分解すると, <u>酸素と水素</u>が発生する

............................................................

**ANSWER**　① **元素**　② **元素**　③ **単体**

**解説**　① アンモニアの成分として, 窒素と水素が含まれている。よって, 元素である。

　② 骨はカルシウムの化合物を含んでいる。よって, 元素である。

　③ 水を電気分解すると, 気体の水素と酸素に分解する。ここでの水素や酸素は, $H_2$, $O_2$ を意味している。よって, 単体である。

# SECTION 03

# 元素・単体・化合物②

## 1 炎色反応

これだけ！ 炎色反応の色と元素の組み合わせをおぼえる

● **炎色反応**：ある種の元素を含む物質を炎に入れたとき，その**元素固有の発色**が見られる反応。試料の水溶液に浸した白金線をガスバーナーの外炎の中に入れて，炎の色を見る。

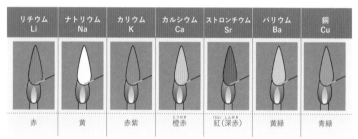

| リチウム Li | ナトリウム Na | カリウム K | カルシウム Ca | ストロンチウム Sr | バリウム Ba | 銅 Cu |
|---|---|---|---|---|---|---|
| 赤 | 黄 | 赤紫 | 橙赤 (とうせき) | 紅(深赤) (べに しんせき) | 黄緑 | 青緑 |

↑ 炎色反応

注意！
### 炎色反応の覚え方

| <u>リアカー</u> | <u>無き</u> | <u>K村</u> | <u>動力</u> | <u>借ると</u> | <u>するも,</u> | <u>くれない</u> | <u>馬力</u> |
|---|---|---|---|---|---|---|---|
| Li(赤) | Na(黄) | K(赤紫) | Cu(青緑) | Ca(橙赤) | Sr | (紅) | Ba(黄緑) |

## 2 沈殿反応

これだけ！ 塩素 Cl の確認→白色沈殿 (AgCl)

● **沈殿反応**：**沈殿**（化学反応により，溶媒に溶けずに生じる固体）が生じる反応。

- **塩素 Cl の確認**：硝酸銀（$AgNO_3$）水溶液を水道水に加えると，**塩化銀 AgCl の白色沈殿**が生じる。この反応は塩化物イオン $Cl^-$ を含む物質に特有の反応で，水道水に塩素 Cl が含まれることがわかる。これは，水道水の消毒に塩素が使われているためである。

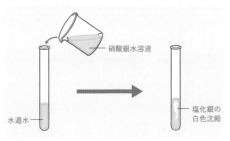

↑ 塩素の確認

## 3 気体発生反応

： 炭素 C の確認→石灰水の白色沈殿

- **気体発生反応**：ある物質に試薬を加えたときに，気体が発生する反応。発生した気体から，もとの物質に含まれる元素の種類が特定できる。

- **炭素 C の確認**：大理石に塩酸を加えて発生する気体を石灰水中に通すと，**炭酸カルシウム $CaCO_3$ の白色沈殿**が生じる。よって，発生した気体が二酸化炭素であることがわかり，大理石中には二酸化炭素の成分である炭素 C が含まれていることもわかる。

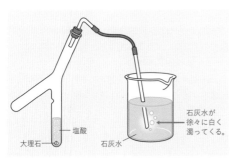

↑ 炭素の確認

これだけ！ 水素 H の確認→硫酸銅（II）無水物が
白色から青色に変化

● **水素 H の確認**：白色の硫酸銅（II）無水物 $CuSO_4$ に水 $H_2O$ を加えると，
反応して**青色の硫酸銅（II）五水和物** $CuSO_4 \cdot 5H_2O$ になる。

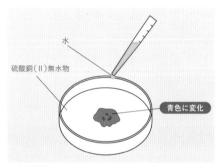

水

硫酸銅（II）無水物

青色に変化

↑ 水の確認

注意！ 水の確認方法にはこの他に，塩化コバルト紙が用いられる。青色の塩化コバルト紙は，水に触れると**赤色**に変化する。

**COLUMN**

### 花火の仕組み

打ち上げ花火がさまざまな色に変化するのは，炎色反応を利用しているからである。一般的な打ち上げ花火には，大きな花火玉のなかに 2 種類の火薬が入っている。1 つは上空で花火玉を割るためのもので，もう 1 つは花火の色を決める「星」とよばれる火薬である。この「星」に炎色反応を起こす金属が含まれており，「星」は外側から違う色の火薬をまぶして作られていくため，上空でだんだんと色が変化する。

# EXERCISE

**ANSWER**

☐ **01**
★★★
ある種の元素を含む物質を外炎に入れたときに，特有の色が現れる反応を， ___ という。

**炎色反応**

☐ **02**
★★★
橙赤色の炎色反応を示す元素は， ___ である。

**カルシウム**

☐ **03**
★★★
銅の炎色反応は， ___ 色を示す。

**青緑**

☐ **04**
★★★
黄緑色の炎色反応を示す元素は， ___ である。

**バリウム**

☐ **05**
★★★
ナトリウムを含む化合物の炎色反応は， ___ 色を示す。

**黄**

☐ **06**
★★★
塩化ナトリウム水溶液に硝酸銀水溶液を加えたときに生じた沈殿は， ___ 色の塩化銀である。

**白**

☐ **07**
★★☆
大理石に塩酸を加えたときに生じた気体を石灰水に通じると， ___ 色の沈殿が生じる。

**白**

☐ **08**
★★☆
白色の硫酸銅（Ⅱ）無水物に水を加えると， ___ 色に変わる。

**青**

☐ **09**
★★★
石灰石に塩酸を加えると気体が発生し，この気体を石灰水に通すと石灰水が白く濁った。また，石灰石と塩酸が反応した水溶液を白金線につけ，炎色反応を行ったところ，橙赤色の炎が観察された。
これらの結果から，石灰石には何という元素が含まれていることがわかるか，すべて答えよ。

**ANSWER** 炭素，カルシウム

**解説** 石灰水が白く濁ったことから，発生した気体は二酸化炭素なので，炭素が含まれていることが確認できる。炎色反応が橙色を示したので，石灰石にはカルシウムが含まれていることがわかる。

# 熱運動

## 1　熱運動

これだけ！　🖐 拡散は，粒子の熱運動で起こる

- **熱運動**：物質を構成する粒子の，常に，移動したり，回転したり，振動したりする不規則な運動。熱運動は温度が高いほど活発であり，物質を加熱すると与えられた熱エネルギーが粒子の運動エネルギーに代わり，粒子は活発に運動するようになる。

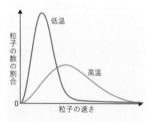

↑ 気体の窒素粒子の速さの分布

- **拡散**：**物質が自然に全体に広がっていく現象**。拡散が起こるのは，物質を構成する粒子が熱運動しているからである。

　例 水性インクを水の中に1滴落とすと，時間をかけて自然に全体に広がる

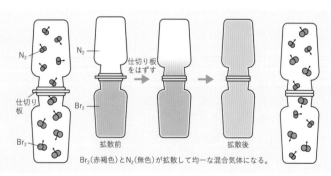

$Br_2$（赤褐色）と$N_2$（無色）が拡散して均一な混合気体になる。

↑ 臭素の拡散

これだけ！ 物質の三態とは，固体，液体，気体の 3 つの状態

● **物質の三態**：固体，液体，気体の 3 つの状態。温度や圧力が変わると，物質は固体，液体，気体の間で変化する。この変化を**状態変化**という。

● **固体**：粒子が**規則正しく並んでいる**状態。この状態の物質を**結晶**という。ただし固体であっても結晶になっていないものもある。

● **液体**：粒子の並び方が**固体のときより乱雑な**状態。粒子は移動できるが，気体のように自由には移動できない。

● **気体**：三態の中で，粒子の**熱運動が最も活発**な状態。同じ質量あたりの体積が大きい。

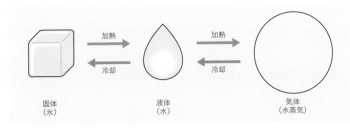

↑ 水の三態

PART 1

物質の構成

**物理変化と化学変化**

これだけ！

☞ 物理変化は元素の組み合わせに変化はない
化学変化は元素の組み合わせが変化する

● 物理変化：物質の状態変化のように，**物質を構成する元素の組み合わせに変化はないが，状態が変わる変化。**

（例）状態変化（物質が固体，液体，気体と変化すること）→氷⇔水⇔水蒸気の変化
溶解（物質が溶媒に溶ける現象）

● 化学変化：分解，中和，燃焼など**物質を構成する元素の組み合わせが変化し，別の物質ができる変化。**

（例）分解（1種類の物質から2種類以上の物質が生じる反応）→水の電気分解
中和（酸と塩基の反応）
燃焼（光や熱を激しく出す酸化）

# EXERCISE

**ANSWER**

☐ **01** 物質を構成している粒子の運動を ☐ という。 **熱運動**
★★☆

☐ **02** 粒子の熱運動により，物質が自然に広がっていく現 **拡散**
★★★ 象を ☐ という。

☐ **03** 物質の状態は主に３つあり，それらを ☐ という。 **物質の三態**
★★★

☐ **04** 水（液体）は加熱すると ☐ （気体）になり， **水蒸気**
★★★ 冷やすと氷（固体）になる。

☐ **05** 「鉄がさびる」現象は，[物理変化 化学変化]である。 **化学変化**
★★☆

☐ **06** 「ドライアイスが気体になる」現象は，[物理変化 **物理変化**
★★☆ 化学変化]である。

☐ **07** 次の文章の内容の正誤を答えなさい。
★★★
① 固体のときの粒子は，熱運動をしていない。

② 同じ物質の固体，液体，気体のうち，密度が最も大きいのは気体である。

③ 粒子の速さは，温度に関係なく一定である。

④ 氷が融けて水になる反応は物理変化である。

---

**ANSWER** ① 誤 ② 誤 ③ 誤 ④ 正

**解説** ① 固体のときの粒子も熱運動により振動している。

② 密度は単位体積あたりの質量であり，状態変化したとき，気体は最も体積が大きくなるので最も密度が小さい。一般に密度が最も大きいのは，固体である。水は例外で液体の方が固体より密度が大きい。

③ 高温の方が速さの大きい粒子の割合が高く，低温の方が速さの小さい粒子の割合が高くなる。

④ 状態変化は物理変化である。

# 物質の状態変化

## 1　物質の状態変化

### これだけ！　物質の状態変化の名前をおぼえる

● **融解**：**固体が液体**になる変化（図①）。

● **凝固**：**液体が固体**になる変化（図②）。

● **蒸発**：**液体が気体**になる変化（図③）。

● **凝縮**：**気体が液体**になる変化（図④）。

● **昇華**：**固体**が液体にならずに**直接気体になる**変化（図⑤）。

● **凝華**：**気体**が液体にならずに**直接固体になる**変化（図⑥）。かつては昇華とよんでいた。

● **沸騰**：液体内部から蒸発が起こり，気体に変化する現象。

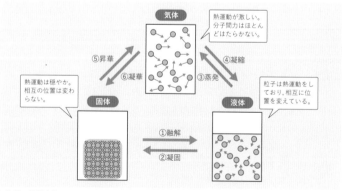

↑ 物質の状態変化

## 状態変化と温度

**これだけ！** 純物質は融点・沸点が一定

- **融点**：融解が起こる温度。**純物質では，融解が始まってから固体がすべて液体になるまでの間，融点は一定である**。水の場合，1 気圧のもとで融点は 0 ℃である。

- **凝固点**：凝固が起こる温度。純物質では，融点と凝固点は同じ温度である。

- **沸点**：沸騰が起こる温度。**純物質では，沸騰が始まってから液体がすべて気体になるまでの間，沸点は一定である**。水の場合，1 気圧のもとで沸点は 100 ℃である。

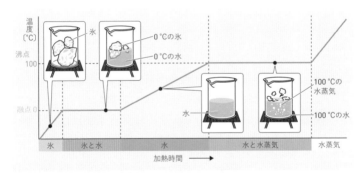

↑ 氷に熱を加えたときの状態と温度変化

 物質によって固有の融点や沸点がある理由として，物質を構成する粒子の結合力の強さが挙げられる。一般に，以下の関係がある。

融点・沸点が高い ⇔ 粒子間の結合力が強い
融点・沸点が低い ⇔ 粒子間の結合力が弱い

**COLUMN**

### 蒸発と沸騰

液体が気体になる変化を蒸発といい，蒸発は沸点より低い温度でも起こる。これは，液体の表面に並んだ粒子が，粒子間の結合力を断ち切って出ていきやすいためである。一方，気体が内部からも発生する現象を沸騰といい，沸騰は沸点で起こる。沸点に達すると内部の粒子の熱運動が大きくなり，内部の粒子も結合力を断ち切って気体となって出ていけるようになる。

PART 1

物質の構成

# EXERCICE

| | | ANSWER |
|---|---|---|
| ☑ 01 ★★★ | 液体を加熱すると，□□□□□ して気体となる。 | 蒸発 |
| ☑ 02 ★★★ | 固体から直接気体に変化する現象を□□□□□ という。 | 昇華 |
| ☑ 03 ★★★ | 凝縮とは，□□□□□ が液体になる状態変化である。 | 気体 |
| ☑ 04 ★★☆ | 凝固とは，□□□□□ が固体になる状態変化である。 | 液体 |
| ☑ 05 ★★★ | 固体の物質の温度を上げていくと，分子の熱運動は激しくなり，液体になる。この状態変化を□□□□□ という。 | 融解 |
| ☑ 06 ★★★ | 液体の表面では，常に□□□□□ が起こっている。 | 蒸発 |
| ☑ 07 ★★★ | 液体を加熱して温度を上げると，液面だけでなく内部からも激しく蒸発が起こるようになる。この現象を□□□□□ という。 | 沸騰 |

☑ 08 次の現象と最も深い関係がある状態変化を [  ] から選べ。
★★★
① 洋服ダンスの固形の防虫剤が，時間がたつとなくなっていた。
② 空気が冷たい地面に触れて，霧が発生する。
③ 洗濯物が乾く。
④ 液体窒素を容器から移し替えるとき，容器の口の部分に氷ができた。
　　[融解　凝固　蒸発　凝縮　昇華　凝華]

ANSWER ① 昇華 ② 凝縮 ③ 蒸発 ④ 凝華
解説 ① 防虫剤に使われる物質は昇華性があるので，固体から気体になり徐々に減少する。
② 冷たい地面に触れた空気中の水蒸気が冷やされて水滴に変わる。これが霧であり，この変化は凝縮である。
③ 水分が蒸発する。

④　液体窒素の沸点は－196℃であり，空気中の水蒸気が液体窒素に冷やされて一気に氷となる。

☐ **09**
★★★
下の図は，ある固体の物質を加熱したときにおける，物質の温度変化を表したものである。

(1)　$t_1$，$t_2$の名称を答えよ。

(2)　B→CおよびD→Eの状態変化の名称を答えなさい。

(3)　A～B，B～C，C～Dにおける物質の状態を答えなさい。

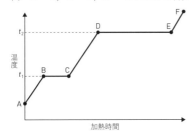

**ANSWER**
(1)　$t_1$…融点，$t_2$…沸点

(2)　B→C…融解，D→E…沸騰

(3)　A～B…固体，B～C…固体と液体，C～D…液体

**解説**
(1)　B→Cでは，固体から液体への変化が起こり，このときの温度が融点である。また，D→Eでは液体から気体への変化が起こり，このときの温度が沸点である。

(2)　B→Cの変化は融解，D→Eの変化は沸騰である。また，C→Bの変化は凝固，E→Dの変化は凝縮である。

(3)　A～B間では固体のみが存在し，B～C間では固体と液体が共存する。B～C間に加えられる熱が，状態変化に使われて温度の上昇が起こらないため，すべての固体が液体になるまで温度は変化しない。C～D間では液体のみが存在する。

# SECTION 06

# 原子の構造

## 1 原子の構造

**これだけ！** 原子は原子核と電子からなる

● **原子**：物質を構成する粒子。**原子は原子核と電子からできており，原子核はさらに陽子と中性子からできている。**

● **原子核**：原子の中心にある**陽子と中性子からなる部分**。全体として正の電荷をもち，正の電荷をもつ原子核と負の電荷をもつ電子は，互いに静電気的な引力で引き合っている。

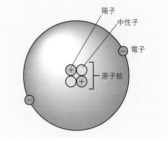

↑ ヘリウム原子のモデル

● **陽子**：正の電荷をもつ粒子。

● **中性子**：電荷をもたない粒子。質量は陽子とほぼ同じ。

● **電子**：負の電荷をもつ粒子。陽子1個と同じ電気量をもつ。原子核のまわりを取り巻いている。質量は極めて小さい。

● **電荷（電気量）**：物質や粒子がもつ電気の量。

これだけ！ 👈 **原子全体は電気的に中性である**

● **クーロン**：電気量の単位（記号 C）。1秒間に1A（アンペア）の電流によって運ばれる電荷（電気量）が1Cである。

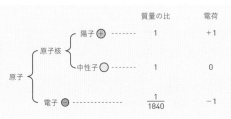

|  | 質量の比 | 電荷 |
|---|---|---|
| 陽子 ⊕ | 1 | +1 |
| 中性子 ○ | 1 | 0 |
| 電子 ⊖ | $\dfrac{1}{1840}$ | −1 |

↑ 陽子・中性子・電子の関係

**3** 原子番号と質量数の表し方

 **原子番号＝陽子の数＝電子の数**
**質量数＝陽子の数＋中性子の数**

● **原子番号：原子核に含まれている陽子の数。**
原子の質量は陽子と中性子の質量の総和（原子核の質量）にほぼ等しい。

● **質量数：陽子の数と中性子の数の和。**

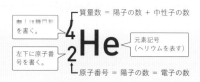

↑ 質量数と原子番号

He（ヘリウム）は
原子番号＝陽子の数＝電子の数＝2
質量数＝陽子の数＋中性子の数＝4　と読み取ることができる。

注意！

・**原子番号＝陽子の数＝電子の数**
・**質量数＝陽子の数＋中性子の数**
電の質量は極めて小さいため，原子の質量は，原子核に含まれる陽子と中性子の質量の和にほぼ等しい。

**COLUMN**

## 原子の大きさ

図でかきあらわしたとき原子と原子核はあまり大きさに差がないように思えるが，実際にはその大きさはかなり違う。原子核の直径は約 $10^{-15} \sim 10^{-14}$ m，原子の直径は約 $10^{-10}$ m であり，原子核と原子全体の直径の比を数字で表すと，およそ 1：100000 になる。この比を私たちの身近にあるもので例えてみると，原子核の大きさを1円玉の大きさとしたとき，原子全体は東京ドームに相当するくらいの大きさになる。原子の世界というのは，私たちの日常生活から考えると想像もできないほどに小さな世界である。

原子核の大きさ　　　　原子の大きさ

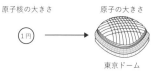

東京ドーム

# EXERCISE

ANSWER

☑ 01 ★★★ 原子は，正の電荷をもつ ▢ と負の電荷をもつ電子で構成されている。

原子核

☑ 02 ★★☆ 原子核は，正の電荷をもつ陽子と，電荷をもたない ▢ でできている。

中性子

☑ 03 ★★★ 陽子の数は元素によって固有で，この数を ▢ という。

原子番号

☑ 04 ★★★ 各元素の原子核中に含まれる陽子の数と中性子の数の和を ▢ という。

質量数

☑ 05 ★★☆ ある元素と別の元素を区別するのは，原子核に含まれる ▢ の数の違いによる。

陽子

☑ 06 ★☆☆ 陽子と中性子の質量はほぼ同じであり，電子の約 ▢ 倍である。

1840

☑ 07 ★★☆ 質量数 14 の炭素原子に含まれる中性子の数は，▢ である。

8

☑ 08 ★★☆ 次の表の(1)～(11)にあてはまる数字を答えなさい。

| 元素記号 | 原子番号 | 質量数 | 陽子の数 | 中性子の数 | 電子の数 |
|---|---|---|---|---|---|
| He | 2 | 4 | (1) | (2) | (3) |
| $_8$O | (4) | (5) | (6) | 8 | (7) |
| $_{11}$Na | (8) | 23 | (9) | (10) | (11) |

ANSWER (1) 2 (2) 2 (3) 2 (4) 8 (5) 16 (6) 8 (7) 8 (8) 11 (9) 11 (10) 12 (11) 11

解説 「原子番号＝陽子の数＝電子の数」，「質量数＝陽子の数＋中性子の数」。

# SECTION 07

# 同位体

## 1 同位体

これだけ！ 👆 同位体は原子番号が同じで質量数が異なる原子どうし

● **同位体（アイソトープ）**：**原子番号が同じで，質量数が異なる原子ど うしを互いに同位体（アイソトープ）**であるという。中性子の数が異な るため，質量数が異なる。化学的な性質はほとんど変わらない。

| 同位体 | $^1_1H$ | $^2_1H$ | $^3_1H$ | |
|---|---|---|---|---|
| 陽子⊕の数 | 1 | 1 | 1 | 質量数は異なるが 原子番号は同じ。 |
| 中性子○の数 | 0 | 1 | 2 | 中性子の数が異なる。 |
| 質量数 | 1 | 2 | 3 | |
| 電子○の数 | 1 | 1 | 1 | |

⬆ 水素の同位体

● **同位体の存在比**：同位体は多くの元素で存在し，天然の存在比は各元 素で一定である。また，**フッ素，ナトリウム，アルミニウム**などは天然 に**同位体は存在しない**。

| 原子番号 | 元素 | 質量数 | 存在比〔%〕 |
|---|---|---|---|
| 1 | 水素 H | 1 | 99.972 ～ 99.999 |
| | | 2 | 0.001 ～ 0.028 |
| | | 3 | ごく微量 |
| 6 | 炭素 C | 12 | 98.84 ～ 99.04 |
| | | 13 | 0.96 ～ 1.16 |
| | | 14 | ごく微量 |
| 8 | 酸素 O | 16 | 99.738 ～ 99.776 |
| | | 17 | 0.0367 ～ 0.0400 |
| | | 18 | 0.187 ～ 0.222 |

⬆ 主な元素の同位体

- **放射性同位体（ラジオアイソトープ）**：同位体のうち，放射線とよばれる粒子や電磁波を放出して別の原子核や，より安定な原子核に変わるもの。このような変化を，**壊変（崩壊）**という。

- **放射能**：放射性同位体のように，放射線を出す性質。

- **放射線の種類**：放射線には，α線，β線，γ線などの種類がある。

| α線 | $^4_2$He の原子核の流れ | 原子番号が2,質量数が4減少した原子になる。 |
|---|---|---|
| β線 | 電子の流れ | 中性子が陽子に変化し，原子番号が1増加した原子になる。 |
| γ線 | 電磁波 | 原子核がエネルギーの大きい状態から小さい状態になる。質量数や原子番号は変化しない。 |

↑ 放射線の種類

- **半減期**：放射性同位体が壊変し，もとの半分の量になるのに要する時間。同位体ごとに一定の値をとる。

- **放射線の利用**：放射線は細胞や遺伝子を変化させ，身体に悪影響を及ぼすことがあるため，十分な注意を払って扱う必要がある。しかし，放射線の性質はがんの治療や品種改良，殺菌などに利用できる。

---

**COLUMN**　　　　半減期を利用した年代測定法

大気中では，$^{14}$C はつくられる速度と別の元素に変わる速度が同じで，いつも $^{14}$C は同じ割合に保たれている（大気中では二酸化炭素 $CO_2$ などで存在する）。この大気中で成長する植物は，体内に大気（空気）を取り入れているので，体内でも $^{14}$C の割合は一定である。ところが生物が死ぬと大気を取り入れなくなるので，$^{14}$C が別の元素に変わる一方になり，割合が減少する。

これを利用して，発掘された木材などの $^{14}$C 割合を測定し，現在の大気中の $^{14}$C 割合からどれくらい減少しているかで，その木材が切り倒されてからどれくらいの年月が経ったか推測することができる。

$^{14}$C の半減期は 5730 年なので，発掘された遺跡の木片中の $^{14}$C が，当時の半分の割合であれば，その遺跡の年代は約 5730 年前のものと推定することができる。

# EXERCISE

**ANSWER**

☑ **01** ★★★
陽子の数が同じで中性子の数が異なる原子どうしを、互いに［　　　　］であるという。

同位体

☑ **02** ★★★
同位体は、原子番号は同じでも、中性子の数が異なるため、［　　　　］が異なる。

質量数

☑ **03** ★★☆
塩素 $_{17}Cl$ には、質量数 35 と 37 の 2 つの同位体があり、質量数 35 の Cl 原子 1 個は［　　　　］個の中性子を持つ。

18

☑ **04** ★★☆
地球上の元素の多くは、何種類かの同位体が［ほぼ一定の　ランダムな］割合で混ざって存在している。

ほぼ一定の

☑ **05** ★★☆
［　　　　］の同位体には、原子核に中性子がないもののほかに、中性子の数が陽子の数と同数のものと 2 倍のものとがある。

水素

☑ **06** ★★☆
$^{12}C$ の 12 は質量数を表しており、炭素の原子番号は 6 なので、この原子に含まれる中性子の数は［　　　　］個である。

6

☑ **07** ★★★
同位体の中には、原子核が［安定　不安定］で、放射線を放出して他の原子核に変わるものがある。このような同位体を放射性同位体という。

不安定

☑ **08** ★★☆
天然には、質量数が異なる炭素 C の同位体として、$^{12}C$, $^{13}C$, $^{14}C$ が存在する。これらの同位体のうち $^{14}C$ は、［　　　　］を放って他の原子に変化する性質を示す。

放射線
（$\beta$線, 電子）

**ANSWER**

☐ **09**
★★☆
炭素 C の同位体である $^{14}$C が壊変によりはじめの半分の量になるのに要する時間を ☐ という。

**半減期**

☐ **10**
★★★
半減期の長さは，放射性同位体の種類 [に関わらず同じである　により異なる]。

**により異なる**

☐ **11**
★★★
放射性同位体のように，放射線を出す性質を ☐ という。

**放射能**

☐ **12**
★★☆
放射線には，代表的なものとして，☐ 線，$\beta$ 線，$\gamma$ 線などがある。

**$\alpha$**

☐ **13**
★★★
同位体に関する次の記述の中から，正しいものをすべて選びなさい。

① 同位体どうしは，質量や化学的性質が互いに異なる。

② $^{3}_{3}$He と $^{4}_{3}$He の電子の数は異なる。

③ 質量数が 133，134，137 で，中性子の数がそれぞれ 78，79，82 の原子は互いに同位体である。

**ANSWER** ③

**解説**
① 同位体の化学的性質はほぼ同じなので間違い。

② 電子の数，すなわち原子番号はどちらの原子も同じため間違い。

③ それぞれの原子がもつ陽子の数は 133 − 78 ＝ 55，134 − 79 ＝ 55，137 − 82 ＝ 55 なので，これらは原子番号が等しく，互いに同位体である。よって正しい。

PART 1

物質の構成

# SECTION

# 08

# 電子配置

## 1 電子配置

**これだけ！** 👉 **K殻は 2 個, L殻は 8 個, M殻は 18 個**

- **電子殻**：原子を構成する電子が存在する原子核を取り囲む層のこと。電子殻は内側から**K殻**, **L殻**, **M殻**, …とよばれる。

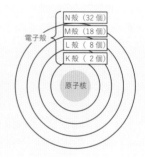

↑ 電子殻と電子の最大収容数

- **電子配置**：電子殻への電子の配置のされ方。各電子殻への電子の最大収容数は, K殻 (2 個), L殻 (8 個), M殻 (18 個), N殻 (32 個) である。

> **よく出る！** 電子殻に入ることのできる電子の最大数
> 内側から $n$ 番目の電子殻の電子の最大数は, $(2n^2)$ 個
> ・K殻 $(n=1)$　$2 \times 1^2 = 2$ 個
> ・L殻 $(n=2)$　$2 \times 2^2 = 8$ 個
> ・M殻 $(n=3)$　$2 \times 3^2 = 18$ 個

- **最外殻電子**：最も外側の電子殻にある電子。

- **価電子**：最外殻電子のうち, 原子どうしが結びつくときに重要なはたらきをする電子。ヘリウムやネオン, アルゴンなど（貴ガスという）では, 価電子の数は 0 個とする。価電子は, その原子の化学的な性質を決定し, **価電子の数が同じ電子どうしは, よく似た性質**を示す。

## 2 貴ガスの電子配置

これだけ！ 貴ガスは安定した電子配置

- **貴ガス**：He（ヘリウム），Ne（ネオン），Ar（アルゴン），Kr（クリプトン），Xe（キセノン），Rn（ラドン）の6種類の元素。**貴ガスの最大の特徴は，安定した電子配置をもつ元素ということである。**貴ガスは反応しにくいことから**不活性ガス**ともよばれる。

- **閉殻**：電子殻に最大数の電子が入っている状態。**He以外の貴ガスの原子はすべて最外殻電子の数が8個である。**これが原子の安定性に関係する。

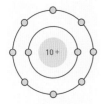

↑ $_{10}$Ne の電子配置

| 原　子 | | 原子番号 | K | L | M | N | O | P |
|---|---|---|---|---|---|---|---|---|
| ヘリウム | He | 2 | 2 | | | | | |
| ネオン | Ne | 10 | 2 | 8 | | | | |
| アルゴン | Ar | 18 | 2 | 8 | 8 | | | |
| クリプトン | Kr | 36 | 2 | 8 | 18 | 8 | | |
| キセノン | Xe | 54 | 2 | 8 | 18 | 18 | 8 | |
| ラドン | Rn | 86 | 2 | 8 | 18 | 32 | 18 | 8 |

※　　は最外殻電子の数

↑ 貴ガスの電子配置

- **単原子分子**：1個の原子が単独の分子として存在する分子。貴ガスは単原子分子。2個の原子が結びついてできた分子を**二原子分子**，3個以上の原子が結びついてできた分子を**多原子分子**という（→ p.64）。

PART 1

物質の構成

41

# EXERCISE

| | | ANSWER |
|---|---|---|
| ☑ 01 ★★★ | 原子核を取り巻く電子が存在できる層は，□とよばれる。 | 電子殻 |
| ☑ 02 ★★★ | 電子殻のうち，原子核に最も近いものは，□とよばれている。 | K殻 |
| ☑ 03 ★★★ | 電子殻のうち，原子核に近い内側から2番目のものを，□とよぶ。 | L殻 |
| ☑ 04 ★★☆ | 電子殻のうち，原子核に近い内側から3番目のものは，□とよばれる。 | M殻 |
| ☑ 05 ★★★ | L殻に収容可能な最大数は□個である。 | 8 |
| ☑ 06 ★★★ | M殻では，□個まで電子が収容される。 | 18 |
| ☑ 07 ★★★ | 内側から$n$番目の電子殻に収容可能な電子の最大数は，□と表される。 | $2n^2$ |
| ☑ 08 ★★★ | 原子のなかの電子のうち，最も外側の電子殻に配置される電子のことを，□とよぶ。 | 最外殻電子 |
| ☑ 09 ★★★ | 炭素原子の最も外側の電子殻であるL殻には，結合をつくるときに重要なはたらきをする□個の電子が入っている。 | 4 |
| ☑ 10 ★★☆ | アルゴンは貴ガスであり，□殻に最外殻電子をもつ。 | M |
| ☑ 11 ★★☆ | アルゴン原子の最外殻電子の数は□個である。 | 8 |

**ANSWER**

☑ 12 最外殻電子のうち，結合に重要な役割を果たす電子 **価電子**
★★★ を ___ という。

☑ 13 硫黄原子の価電子の数は，___ 個である。 **6**
★★☆

☑ 14 電子殻に最大数の電子が収容された状態を ___ **閉殻**
★★★ という。

☑ 15 アルゴン原子の価電子の数は ___ 個である。 **0**
★★★

☑ 16 ネオン原子のように，最外殻電子の数が ___ 個 **8**
★★★ であるような電子配置は安定する。

☑ 17 次の原子の電子配置を，例にならって答えなさい。
★★★ 　例　$_{11}$Na：K…2，L…8，M…1
　① $_{10}$Ne　② $_{13}$Al　③ $_{17}$Cl

**ANSWER**　① $_{10}$Ne：K…2，L…8　② $_{13}$Al：K…2，L…8，M…3
　③ $_{17}$Cl：K…2，L…8，M…7

**解説**　① 原子番号(10)＝電子の数(10)より，
　　　K殻に2個，L殻に8個である。
　② 原子番号(13)＝電子の数(13)より，
　　　K殻に2個，L殻に8個，M殻に3個である。
　③ 原子番号(17)＝電子の数(17)より，
　　　K殻に2個，L殻に8個，M殻に7個である。

**SECTION**

# 09

# イオン

## 1　イオン

> これだけ！ 👆 **イオンは電気を帯びた粒子**

- **イオン**：原子が電子を放出したり，受け取ったりして，電気を帯びるようになった（電荷をもつ）粒子。

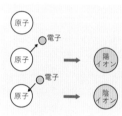

↑ 陽イオンと陰イオン

- **陽イオンと陰イオン**：正の電荷をもつイオンを**陽イオン**，負の電荷をもつイオンを**陰イオン**という。

- **イオンの価数**：原子が受け取ったり，放出したりする電子の数。

- **単原子イオン**：1個の原子からできるイオン。
  (例) $Na^+$, $Cl^-$

- **多原子イオン**：2個以上の原子からできるイオン。
  (例) $OH^-$, $NH_4^+$

- **イオンの表し方**：イオンは元素記号の右上にイオンの価数と符号（＋，－）をつけた形で表す。

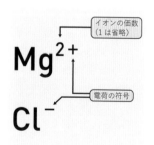

↑ イオンの表し方

これだけ！ 🖐 **電子を放出すると陽イオン, 受け取ると陰イオン**

● **陽イオンのでき方：原子が電子を放出して陽イオンになる。**陽イオンになりやすい性質を**陽性**という。価電子が 1 〜 3 個の原子は陽イオンになりやすい。

例 ナトリウム原子→ナトリウムイオン

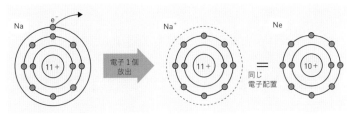

↑ ナトリウムイオンの生成

ナトリウム原子の最外殻電子を 1 個放出すると, ネオン Ne と同じ安定した電子配置になる。

● **陰イオンのでき方：原子が電子を受け取って陰イオンになる。**陰イオンになりやすい性質を**陰性**という。価電子が 6, 7 個の原子は陰イオンになりやすい。

例 塩素原子→塩化物イオン

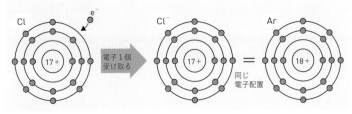

↑ 塩化物イオンの生成

PART 1

物質の構成

塩素原子の価電子の数は 1 個で、電子を 1 個受け取ると、最外殻電子の数がアルゴン Ar と同じ安定した電子配置になる。

## 3 イオンの名称

> **これだけ！** 陽イオンの名称：「～イオン」
> 陰イオンの名称：「～化物イオン／～酸イオン」

● **陽イオンの名称**：元素名に「～イオン」とつけてよぶ。

● **陰イオンの名称**：「～化物イオン」とよぶものと、「～酸イオン」とよぶものの 2 種類がある。後に出てくる「酸」という物質から生じるイオンを「～酸イオン」とよんでいる。

| 価数 | 陽イオンの名称 | 化学式 | 陰イオンの名称 | 化学式 |
|---|---|---|---|---|
| 1 価 | 水素イオン | $H^+$ | フッ化物イオン | $F^-$ |
| | ナトリウムイオン | $Na^+$ | 塩化物イオン | $Cl^-$ |
| | カリウムイオン | $K^+$ | 水酸化物イオン | $OH^-$ |
| | 銅（I）イオン | $Cu^+$ | 硝酸イオン | $NO_3^-$ |
| | 銀イオン | $Ag^+$ | | |
| | アンモニウムイオン | $NH_4^+$ | | |
| 2 価 | カルシウムイオン | $Ca^{2+}$ | 酸化物イオン | $O^{2-}$ |
| | マグネシウムイオン | $Mg^{2+}$ | 硫化物イオン | $S^{2-}$ |
| | 鉄（II）イオン | $Fe^{2+}$ | 硫酸イオン | $SO_4^{2-}$ |
| | 銅（II）イオン | $Cu^{2+}$ | 炭酸イオン | $CO_3^{2-}$ |
| 3 価 | アルミニウムイオン | $Al^{3+}$ | リン酸イオン | $PO_4^{3-}$ |
| | 鉄（III）イオン | $Fe^{3+}$ | | |

↑ イオンの名称と化学式　※1. ▨▨▨ は多原子イオンを表す。
　　2. 銅のイオン $Cu^+$ と $Cu^{2+}$ のように、同じ元素で価数が異なるイオンがある場合は、銅（I）イオン，銅（II）イオンのように、イオンの価数をローマ数字で示して区別する。

# EXERCISE

**ANSWER**

☑ **01**
★★★
原子が電子を放出したり受け取ったりすると、電荷をもった粒子である[   ]が生じる。

**イオン**

☑ **02**
★★★
塩素原子は、電子を1つ受け取って[   ]になる。

**塩化物イオン (Cl⁻)**

☑ **03**
★★★
イオンが生成するときに原子が放出した電子の数、または受け取った電子の数をイオンの[   ]という。

**価数**

☑ **04**
★★★
3個の価電子をもつアルミニウム原子は、それらを放出し[   ]価の陽イオンになる。

**3**

☑ **05**
★★★
マグネシウムイオンは陽子12個と電子[   ]個を有している。

**10**

☑ **06**
★★★
Ne, Ar のうち、アルミニウムイオン $Al^{3+}$ と同じ電子配置をもつものは、[   ]。

**Ne**

☑ **07**
★★★
Ne と同じ電子配置を示す1価の陰イオンは[   ]である。

**F⁻**

☑ **08**
★★★
次のイオンの電子配置は、どの貴ガスの原子と同じか答えなさい。
① $Li^+$  ② $F^-$  ③ $S^{2-}$  ④ $Ca^{2+}$

・・・・・・・・・・・・・・・・・・・・・・・・・・・・・・・・・・・・・・・・・・・・・・・・・・・・・・・・・・・・・・・・

**ANSWER** ① ヘリウム He  ② ネオン Ne  ③ アルゴン Ar  ④ アルゴン Ar
**解説** ① $Li^+$  …K(2)  He と同じ電子配置
② $F^-$  …K(2) L(8)  Ne と同じ電子配置
③ $S^{2-}$  …K(2) L(8) M(8)  Ar と同じ電子配置
④ $Ca^{2+}$  …K(2) L(8) M(8)  Ar と同じ電子配置

PART 1

物質の構成

# SECTION

# 10 イオン化エネルギーと電子親和力

## 1 イオン化エネルギー

> これだけ！ イオン化エネルギーが小さい原子は陽イオンになりやすい

● **イオン化エネルギー**：原子の最外電子殻から電子を1個取り去って，1価の陽イオンにするのに必要なエネルギー。イオン化エネルギーが小さい原子ほど陽イオンになりやすい。

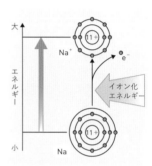

↑ イオン化エネルギー

● **イオン化エネルギーの大きさ**：カリウム K，ナトリウム Na，リチウム Li などの原子はイオン化エネルギーが小さい（陽イオンになりやすい）が，ヘリウム He，ネオン Ne，アルゴン Ar など安定な電子配置をもつ貴ガスの原子はイオン化エネルギーが非常に大きい。

Na
ナトリウム

電子を取り去りやすい
イオン化エネルギーが小さい
陽イオンになりやすい

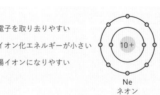

Ne
ネオン

電子を取り去りにくい
イオン化エネルギーが大きい
陽イオンになりにくい

↑ イオン化エネルギーの大きさ

これだけ！ 👉 **電子親和力が大きい原子は陰イオンになりやすい**

● **電子親和力**：原子が最外電子殻に1個の電子を受け取って，1価の陰イオンになるときに放出するエネルギー。電子親和力が小さい原子ほど陰イオンになりにくい。

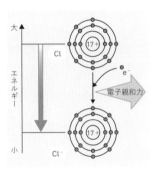

↑ 電子親和力

● **電子親和力の大きさ**：フッ素 F，塩素 Cl，臭素 Br，ヨウ素 I などの原子は電子親和力が大きく，一般に陰イオンになりやすい。電子親和力が大きいほど多くのエネルギーが放出され，生じるイオンはエネルギーの低い安定した陰イオンになる。

電子を受け取りやすい

電子親和力が大きい
（放出されるエネルギーが大きい）

陰イオンになりやすい

F
フッ素

電子を受け取りにくい

電子親和力が小さい
（放出されるエネルギーが小さい）

陰イオンになりにくい

Ne
ネオン

↑ 電子親和力の大きさ

PART 1

物質の構成

イオンの大きさ

同じ電子配置をもつイオンどうしの大きさは，原子番号が大きいイオンのほうが小さい。これは，原子番号の大きいイオンのほうが，陽子の数が多いため原子核に電子を引きつけるからである。例えば，ナトリウムイオンとマグネシウムイオンを比べると，マグネシウムイオンのほうが陽子の数が多いのでイオンの大きさは小さくなる。

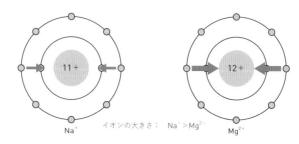

$Na^+$　　　イオンの大きさ：　$Na^+>Mg^{2+}$　　　$Mg^{2+}$

イオンの大きさ：　$Na^+>Mg^{2+}$

# EXERCISE

**ANSWER**

☑ 01
★★★
原子から電子を1個取り去って，1価の陽イオンにするのに必要なエネルギーを　　　　という。

**イオン化エネルギー**

☑ 02
★★☆
イオン化エネルギーの　　　　原子ほど，陽イオンになりやすい。

**小さい**

☑ 03
★★★
Na, K, Li などはイオン化エネルギーが小さく，　　　　になりやすい。

**陽イオン**

☑ 04
★★★
Li, C, Ne のうち，イオン化エネルギーが最も大きいのは　　　　である。

**Ne**

☑ 05
★★★
原子が電子1個を受け取って1価の陰イオンになるときに放出されるエネルギーを　　　　という。

**電子親和力**

☑ 06
★★★
電子親和力の大きい原子ほど　　　　イオンになりやすい。

**陰**

☑ 07
★★★
次の文章の内容の正誤を答えなさい。

① 原子1個から最外殻電子1個を取り去り，1価の陽イオンにするために必要なエネルギーをイオン化エネルギーという。

② イオン化エネルギーが大きい原子ほど陽イオンになりやすい。

③ 原子1個が電子1個を受け取り，1価の陰イオンになるときに放出されるエネルギーを電子親和力という。

**ANSWER** ① 正 ② 誤 ③ 正

**解説** ② イオン化エネルギーが小さい原子ほど陽イオンになりやすい。

# 周期表

① **周期表**

> これだけ！　アルカリ金属：水素を除く**1**族元素　　ハロゲン：**17**族元素
> アルカリ土類金属：**2**族元素　　　　　貴ガス：**18**族元素

● **周期律**：元素を原子番号の順に並べたとき，性質の似た元素が周期的に現れること。

● **周期表**：元素を原子番号の順に並べ，性質のよく似た元素を縦の列に並べた表。周期表の縦の列を**族**，横の行を**周期**という。周期表で，同じ族に属している元素を**同族元素**という。

● **アルカリ金属**：水素Hを除く**1**族元素。

● **アルカリ土類金属**：**2**族元素。

● **ハロゲン**：**17**族元素。

● **貴ガス**：**18**族元素。

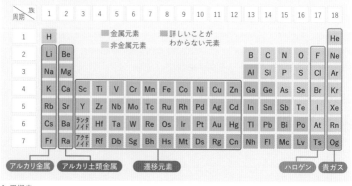

↑ 周期表

## 2 元素の分類

これだけ！ 元素は典型元素か遷移元素，
金属元素か非金属元素に分類される

- **典型元素**：周期表の 1 族，2 族，13
  ～ 18 族の元素。周期表で，縦の列に並
  んでいる元素どうしの性質が似ている。

↑ 典型元素と遷移元素

- **遷移元素**：周期表の 3 ～ 12 族の元素。
  周期表で，横の行に並んでいる元素どうしの性質が似ている。

- **金属元素**：単体に金属光沢があり，電
  気をよく導く，金属の性質を示す元素。
  **遷移元素はすべて金属元素**である。金
  属元素は陽性（陽イオンになりやすい
  性質）が強い。

↑ 金属元素と非金属元素

- **非金属元素**：単体が金属の性質を示さない元素。
  気体や固体が多い。陰性（陰イオンになりやすい性質）が強い。

PART 1

物質の構成

**価電子の数やイオン化エネルギーは周期的に変化**

- **価電子の数の周期変化**：典型元素では，族番号の1の位の数が価電子の数に相当する（貴ガスは0）。よって，価電子の数は周期的な変化をする。

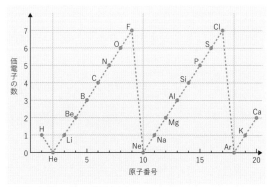

↑ 原子の価電子の数の周期的な変化

- **イオン化エネルギーの周期変化**：一般的な傾向として，同じ周期内では原子番号が大きくなるほど，イオン化エネルギーは大きくなり，同族では下にいくほど小さくなる。イオン化エネルギーが最大の元素は He である。

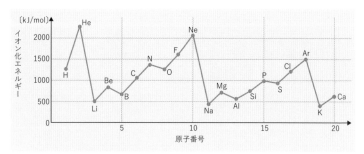

↑ イオン化エネルギーと原子番号

## EXERCISE

**ANSWER**

☑ **01**
★★★
元素を原子番号の順に配列すると，性質のよく似た元素が周期的に現れる。これを元素の◻️という。

**周期律**

☑ **02**
★★★
元素を原子番号の順に並べ，性質の似た元素を縦の列に配列した表を元素の◻️という。

**周期表**

☑ **03**
★★★
周期表の横の行を周期，縦の列を族とよび，1族から◻️族まである。

**18**

☑ **04**
★★☆
周期表において，第3周期には◻️個の元素が配列されている。

**8**

☑ **05**
★★★
1, 2, 13～18族の元素は◻️とよばれる。

**典型元素**

☑ **06**
★★★
同じ族の典型元素では，原子番号が小さくなるほど[陽性　陰性]が強くなる。

**陰性**

☑ **07**
★★★
水素以外の1族元素は，◻️とよばれる。

**アルカリ金属**

☑ **08**
★★★
周期表の一番右端の18族元素は，性質が似ているので，◻️という特別な名称でよばれている。

**貴ガス**

☑ **09**
★★★
次の文章の下線部の正誤を答えよ。
① 周期律を最初に発見したのは，ロシアのメンデレーエフである。
② 遷移元素は，周期表の1族，2族，13～18族の元素のことである。
③ Hを除く1族の元素をアルカリ土類金属という。

**ANSWER** ① 正　② 誤　③ 誤

**解説** ② 周期表の1族，2族，13～18族の元素は典型元素。遷移元素は典型元素以外の元素。
③ Hを除く1族の元素はアルカリ金属。アルカリ土類金属は2族の元素。

# 12

# イオン結合

## 1　イオン結合

### 👉 イオン結合は陽イオンと陰イオンの化学結合

- **化学結合**：物質を構成する原子どうしやイオンどうしの強い結びつきのこと。化学結合には，**イオン結合，共有結合，金属結合**がある。

- **イオン結合**：陽イオンと陰イオンが**静電気力（クーロン力）**によって引き合って結びつく結合。

- **静電気力（クーロン力）**：電荷をもつ粒子の間にはたらく力。電荷の正負が異なるときは引きあう力がはたらき，同じときは反発しあう力がはたらく。

例 ナトリウム Na と塩素 Cl のイオン結合

ナトリウム原子 Na は 1 個の電子を放出して，Ne 型の安定した電子配置をもつナトリウムイオン $Na^+$ になる。塩素原子 Cl は電子 1 個を受け取って，Ar 型の安定した電子配置をもつ塩化物イオン $Cl^-$ になる。

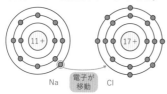

生成したナトリウムイオンと塩化物イオンが，静電気力（クーロン力）で引き合って結合する。

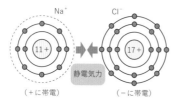

## ② イオンからなる物質の表し方

これだけ！ 組成式は陽イオンを先，陰イオンを後に書く

- **組成式**：物質を構成する原子やイオンの種類とその数の比を示した化学式。イオンからなる物質は組成式で表す。

- **組成式の作り方**：イオンからなる物質を構成する陽イオンと陰イオンについて，次式が成り立つ。

### 陽イオンの(価数)×(数)＝陰イオンの(価数)×(数)

(例) $Mg^{2+}$ と $Cl^-$ からできる組成式の場合，
$Mg^{2+}$ の価数は「2」，$Cl^-$ の価数は「1」である。

価数：2
$$Mg^{\boxed{2}+}_{\text{個数：1}}$$

価数：1
$$Cl^{\boxed{1}-}_{\text{個数：2}}$$

**陽イオンの(価数)×(数)＝陰イオンの(価数)×(数)**
より，
$2×(1)＝1×(2)$ が成り立つ。したがって，組成式は **$MgCl_2$** である。

$Al^{3+}$ と $SO_4^{2-}$ からできる組成式の場合，
$Al^{3+}$ の価数は「3」，$SO_4^{2-}$ の価数は「2」である。
**陽イオンの(価数)×(数)＝陰イオンの(価数)×(数)**
より，
$3×(2)＝2×(3)$ が成り立つ。したがって，組成式は **$Al_2(SO_4)_3$** である。

価数：3
$$Al^{\boxed{3}+}_{\text{個数：2}}$$

価数：2
$$SO_4^{\boxed{2}-}_{\text{個数：3}}$$

注意！ 多原子イオンが複数になるときは，多原子イオンを（　）の中に入れる。上の例の場合，$SO_4$ を（　）の中に入れている。

- **組成式の書き方**：陽イオンと陰イオンの電荷の合計が 0 になるように，それぞれのイオンの数の比を決める。**陽イオンを先に，陰イオンを後に書く。**

(例) 水素イオン（$H^+$）と塩化物イオン（$Cl^-$）の場合，$HCl$ となる
カルシウムイオン（$Ca^{2+}$）と水酸化物イオン（$OH^-$）の場合，$Ca(OH)_2$ となる

PART 1

物質の構成

● **組成式の読み方**：陰イオン名を先に，陽イオン名を後ろに並べて，「イオン」をとってよぶ。ただし，「○化物イオン」の場合は「物イオン」をとってよぶ。

例 HCl の場合，塩化水素となる
Ca(OH)₂ の場合，水酸化カルシウムとなる

| 物質名 | 構成している陽イオン | 構成している陰イオン |
|---|---|---|
| 塩化カリウム　KCl | カリウムイオン　$K^+$ | 塩化物イオン　$Cl^-$ |
| 水酸化アルミニウム　Al(OH)₃ | アルミニウムイオン　$Al^{3+}$ | 水酸化物イオン　$OH^-$ |
| 酸化銅(II)　CuO | 銅(II)イオン　$Cu^{2+}$ | 酸化物イオン　$O^{2-}$ |
| 炭酸カルシウム　CaCO₃ | カルシウムイオン　$Ca^{2+}$ | 炭酸イオン　$CO_3^{2-}$ |
| 硫酸アンモニウム　(NH₄)₂SO₄ | アンモニウムイオン　$NH_4^+$ | 硫酸イオン　$SO_4^{2-}$ |

↑ イオン結合の物質の例

# EXERCISE

ANSWER

☑ 01 ★★★ 陽イオンと陰イオンが静電気力で引きつけ合ってできた結合を，[　]という。

**イオン結合**

☑ 02 ★☆☆ 電荷をもつ粒子の間にはたらく力を，[　]という。

**静電気力 (クーロン力)**

☑ 03 ★☆☆ イオンからなる物質は，[　]式で表す。

**組成**

☑ 04 ★☆☆ イオンからなる物質において，陽イオンと陰イオンの電荷の合計は[　]である。

**0**

☑ 05 ★★☆ $AlCl_3$ という物質について，$Al^{3+}$ と $Cl^-$ の数の比は[　]である。

**1 : 3**

☑ 06 ★★☆ $AlCl_3$ の名称は[　]である。

**塩化アルミニウム**

☑ 07 ★★☆ $Ca(OH)_2$ という物質について，$Ca^{2+}$ と $OH^-$ の数の比は[　]である。

**1 : 2**

☑ 08 ★★☆ $Ca(OH)_2$ の名称は[　]である。

**水酸化カルシウム**

☑ 09 ★★★ 次のイオンの組み合わせでできる物質について，名前と組成式を答えなさい。
① $Na^+$, $NO_3^-$　② $Ca^{2+}$, $PO_4^{3-}$　③ $Al^{3+}$, $O^{2-}$
④ $Ba^{2+}$, $SO_4^{2-}$　⑤ $Cu^{2+}$, $OH^-$

ANSWER
① 硝酸ナトリウム　$NaNO_3$
② リン酸カルシウム　$Ca_3(PO_4)_2$
③ 酸化アルミニウム　$Al_2O_3$
④ 硫酸バリウム　$BaSO_4$
⑤ 水酸化銅(II)　$Cu(OH)_2$

# SECTION

# 13

# イオン結晶

## 1　イオン結晶

　**イオン結晶全体では電気的に中性**

- **結晶**：物質を構成する粒子が**規則正しく**並んでできている固体。

- **イオン結晶**：イオン結合によってできた結晶。**結晶全体では電気的に中性**になっている。

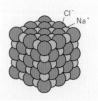

↑ イオン結晶
（塩化ナトリウムの結晶）

## 2　イオン結晶の性質

　**イオン結晶は融点，沸点が高く，硬い**

- **融点，沸点と硬さ**：粒子間の結合力が強いため，融点や沸点は**高く**，結晶は**硬い**。

| 名称と組成式 | 融点〔℃〕 |
|---|---|
| 塩化ナトリウム $NaCl$ | 801 |
| 炭酸ナトリウム $Na_2CO_3$ | 851 |
| 水酸化ナトリウム $NaOH$ | 318 |
| 塩化カルシウム $CaCl_2$ | 772 |
| 硫酸カルシウム $CaSO_4$ | 1450 |
| 水酸化カルシウム $Ca(OH)_2$ | 580（分解） |

↑ イオン結晶の例と融点

へき開，外部から強い力を加えると，陽イオンと陰イオンどうしの直置関係が
ずれ，イオンどうしが反発し合うようになるので，結晶は割れやすい。こ
のイオン結晶が特定の面で割れる性質を**へき開**という。

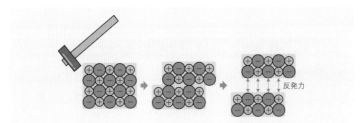

↑ イオン結晶のへき開

注意！ イオン結晶は，結晶そのものは硬くても，外部から力を加えると割れやすくも
ろい。

- **導電性**：固体の状態では電気を通さないが，融解したり，水に溶けたり
  すると，イオンが自由に動けるようになるので，電気を通すようになる。

- **電離**：物質が水溶液中でイオンに分かれること。なお，イオン結晶には
  炭酸カルシウム $CaCO_3$ や塩化銀 $AgCl$ のように水に溶けにくいものもある。

- **電解質**：水に溶けて電離する物質。

- **非電解質**：水に溶けても電離しない物質。

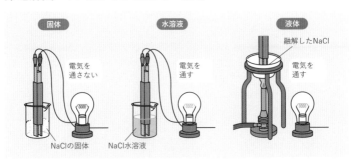

↑ イオンからなる物質（NaCl）の電気の導きやすさ

イオンからなる物質

## イオンからなる物質をおぼえる

| 名称と組成式 | 性質，用途など |
|---|---|
| 塩化ナトリウム<br>NaCl | 食塩や塩酸，水酸化ナトリウムの原材料に利用される。<br>海水に多く含まれる。 |
| 炭酸ナトリウム<br>$Na_2CO_3$ | 水と結合し，炭酸ナトリウム十水和物 $Na_2CO_3 \cdot 10H_2O$ という無色透明な結晶をつくる。<br>洗剤やガラスの製造に利用される。 |
| 水酸化ナトリウム<br>NaOH | 水溶液は強い塩基性（アルカリ性）を示す。<br>セッケンや紙の製造に用いられる。 |
| 炭酸水素ナトリウム<br>$NaHCO_3$ | 別名を重曹という。<br>ベーキングパウダーや発泡入浴剤に利用される。 |
| 炭酸カルシウム<br>$CaCO_3$ | 大理石や卵の殻，貝殻の主成分。<br>チョークの原材料としても使われる。 |

↑ イオンからなる物質の例

# EXERCISE

ANSWER

☑ 01 ★★★　原子，分子，イオンなどの粒子が規則正しく配列した構造をもつ固体を ☐ という。

**結晶**

☑ 02 ★★★　陽イオンと陰イオンの静電気力によるイオン結合でできた結晶を ☐ という。

**イオン結晶**

☑ 03 ★★☆　イオン結晶は，一般に融点が [高い　低い]。

**高い**

☑ 04 ★★☆　イオン結晶は一般に，構成元素が金属元素と [金属　非金属] 元素である。

**非金属**

☑ 05 ★★★　イオン結晶そのものは電気を通さない。水溶液や融解したものは電気を [通す　通さない]。

**通す**

☑ 06 ★★☆　塩化ナトリウムの結晶に強い力を加えると，特定の面に沿って割れやすい。この性質を ☐ という。

**へき開**

☑ 07 ★★★　物質が水溶液中などでイオンに分かれることを電離といい，水に溶けたとき電離する物質を ☐ という。

**電解質**

☑ 08 ★★★　以下に示す物質のうち，イオン結晶であるものをすべて選び，化学式で答えよ。

　　　銅　メタン　塩化カルシウム　水素　亜鉛　ヨウ化カリウム　ヨウ素

ANSWER　$CaCl_2$, KI

解説　イオン結合でできた結晶がイオン結晶である。イオン結合は金属元素と非金属元素の化学結合であるから，金属元素であるカルシウム Ca と非金属元素である塩素 Cl からなる塩化カルシウム $CaCl_2$，金属元素であるカリウム K と非金属元素であるヨウ素 I からなるヨウ化カリウム KI がイオン結晶である。イオン結晶は，組成式を用いて表す。

SECTION 14

# 共有結合と分子

## 1 分子

これだけ!

**分子は単原子分子，二原子分子，多原子分子に分類される**

- **分子**：いくつかの原子が結びついてできた粒子。構造粒子の数により，**単原子分子**，**二原子分子**，**多原子分子**に分類される。

- **分子式**：分子を表す化学式を分子式という。分子を構成する原子の種類とその数で示す。

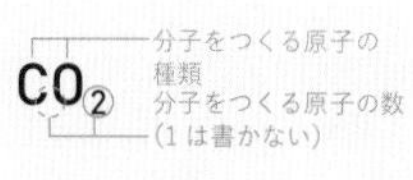
$CO_2$
分子をつくる原子の種類
分子をつくる原子の数
(1は書かない)

↑ 分子式の書き方

- **単原子分子**：1個の原子からなる分子。
  (例) 貴ガス…ヘリウム He，ネオン Ne，アルゴン Ar など

- **二原子分子**：2個の原子からなる分子。
  (例) 水素 $H_2$，酸素 $O_2$，窒素 $N_2$，塩素 $Cl_2$，塩化水素 HCl など

- **多原子分子**：3個以上の原子からなる分子。
  (例) 水 $H_2O$，アンモニア $NH_3$ など

## 2 共有結合

これだけ!

**共有結合は電子式や構造式で表す**

- **共有結合**：非金属元素の原子どうしが互いの価電子を共有してできる結合。

- **電子式**：元素記号のまわりに最外殻電子を点（・）で表したもの。4個

目までの電子は，上下左右の別の位置に1個ずつ書き，5個目からの電子は1個ずつ入った電子と対をつくるように書く。

| 価電子の数 | | 1 | 2 | 3 | 4 | 5 | 6 | 7 | 0 |
|---|---|---|---|---|---|---|---|---|---|
| 最外殻電子の数 | | 1 | 2 | 3 | 4 | 5 | 6 | 7 | 8 |
| 電子式 | 第1周期 | H· | | | | | | | He: ※ |
| | 第2周期 | Li· | Be· | ·B· | ·Ċ· | ·N̈· | ·Ö: | :F̈: | :N̈e: |
| | 第3周期 | Na· | Mg· | ·Al· | ·Si· | ·P̈· | ·S̈· | :Cl: | :Är: |

↑ 第1周期から第3周期の原子の電子式　　　　　　　　　※ He の最外殻電子の数は2個。

- **電子対**：最外殻電子で，電子が2個で対になっているもの。

- **不対電子**：最外殻電子で，電子が対になっていないもの。

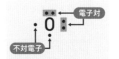

↑ 電子対と不対電子

- **共有電子対**：原子間で共有結合に使われている電子対。

- **非共有電子対**：原子のときから電子対になっていて，原子間に共有されていない電子対。

↑ 共有電子対と非共有電子対

- **構造式**：共有電子対を1本の線で表した式。分子の中で原子がどのように並んでいるかを示す。

- **原子価**：1つの原子がもつ共有結合の数で，原子のもつ不対電子の数に等しい。

| 原子 | 電子式 | 構造式の一部 | 原子価 |
|---|---|---|---|
| 水素 | H· | H– | 1 |
| 炭素 | ·Ċ· | –Ċ– | 4 |
| 窒素 | ·N̈· | –N– | 3 |
| 酸素 | ·Ö· | –O– | 2 |

↑ 主な原子の電子式，構造式，原子価

物質の構成

- **単結合**：共有結合が 1 組だけでできた結合。

- **二重結合**：共有電子対が原子間に 2 組ある結合。

- **三重結合**：共有電子対が原子間に 3 組ある結合。

| | 単結合 | 二重結合 | 三重結合 |
|---|---|---|---|
| 物質名 | 水 | 二酸化炭素 | 窒素 |
| 分子式 | $H_2O$ | $CO_2$ | $N_2$ |
| 電子式 | H:Ö:H<br>↑　↑<br>単結合 | :Ö::C::Ö:<br>↑<br>二重結合 | :N⦂⦂N:<br>↑<br>三重結合 |
| 構造式 | H−O−H<br>↓　↓<br>単結合 | O=C=O<br>↓<br>二重結合 | N≡N<br>↓<br>三重結合 |

↑ 単結合，二重結合，三重結合の例

## 3　分子の形

これだけ！ 🖐 分子の形は直線形，折れ線形，三角錐形，正四面体形

- **分子の形**：分子は立体的な形をもち，その形は分子を構成する原子や結合の種類によって決まる。立体的な分子の形には，**直線形，折れ線形，三角錐形，正四面体形**などの種類がある。

| 分子の形 | 分子の例 | 分子モデル |
|---|---|---|
| 直線型 | 水素 $H_2$，塩化水素 HCl | |
| 折れ線形 | 水 $H_2O$ | |
| 三角錐形 | アンモニア $NH_3$ | |
| 正四面体形 | メタン $CH_4$ | |

↑ 分子の形

# EXERCISE

**ANSWER**

☑ **01**
★★★
2つの原子が電子を1個ずつ出し合い，それらを共有してできる結合を ☐ という。

**共有結合**

☑ **02**
★★☆
窒素原子 N が最外殻にもつ不対電子の数は ☐ である。

3

☑ **03**
★★★
共有結合により複数の原子が結びつけられることで分子が形成され，その結果，各構成元素は ☐ 原子と同じ安定な電子配置をとることが多い。

**貴ガス**

☑ **04**
★★☆
原子間に共有された電子対を ☐ という。

**共有電子対**

☑ **05**
★★★
二酸化炭素分子が有する非共有電子対の数は ☐ 個である。

4

☑ **06**
★★★
$H_2O$，$Cl_2$，$O_2$，$N_2$ のうち，三重結合をもつ分子は ☐ である。

$N_2$

☑ **07**
★★★
次の分子式で示される物質の電子式と構造式を書きなさい。
(1) $CH_4$（メタン） (2) $NH_3$（アンモニア）

**ANSWER** (1)

$$H:\overset{\displaystyle H}{\underset{\displaystyle H}{C}}:H \qquad H-\overset{\displaystyle H}{\underset{\displaystyle H}{C}}-H$$

(2)

$$H:\overset{..}{\underset{\displaystyle H}{N}}:H \qquad H-\overset{\displaystyle }{\underset{\displaystyle H}{N}}-H$$

**解説** (1) C の原子価は4なので，不対電子は4つである。また，H の原子価は1なので，不対電子は1つである。したがって，4つの単結合で結びつく。

(2) N の原子価は3なので，不対電子は3つである。

# 15 配位結合と錯イオン

## 1 配位結合

### アンモニウムイオンは配位結合でできる

● **配位結合**：結合する原子間で一方の原子から非共有電子対が提供され，それを両方の原子が互いに共有してできる結合。

例 アンモニウムイオン $NH_4^+$
アンモニア分子中の窒素原子の非共有電子対を水素イオンと共有してできるイオン。

$$NH_3 \quad + \quad H^+ \quad \longrightarrow \quad NH_4^+$$

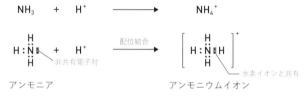

アンモニア　　　　　　　　　　アンモニウムイオン

例 オキソニウムイオン $H_3O^+$
水分子中の酸素原子の非共有電子対を水素イオンと共有してできるイオン。

$$H_2O \quad + \quad H^+ \quad \longrightarrow \quad H_3O^+$$

水　　　　　　　　　　オキソニウムイオン

注意！
ふつうの共有結合では原子が互いに不対電子を出し合って共有電子対をつくるのに対し，配位結合では一方の原子が非共有電子対を一方的に供給する。なお，配位結合は共有結合と見分けがつかない。

**錯・イオン**

これだけ！

> 錯イオン＝金属イオンにいくつかの分子や
> 陰イオンが配位結合したイオン

- **錯イオン**：金属イオンに，いくつかの分子や陰イオンが配位結合したイオン。金属イオンの正の電荷に非共有電子対が引きつけられて，配位結合ができる。

- **配位子**：金属イオンに配位結合する分子や陰イオンのこと。錯イオンに含まれる配位子の数を**配位数**という。配位数や立体構造は，金属イオンの種類によって決まっている。

| | 分子 | イオン |
|---|---|---|
| 配位子 | H₂O（アクア） NH₃（アンミン） | OH⁻（ヒドロキシド） CN⁻（シアニド） Cl⁻（クロリド） |

$$H_2O（アクア） \quad NH_3（アンミン）$$
$$OH^-（ヒドロキシド）\quad CN^-（シアニド）\quad Cl^-（クロリド）$$

↑ 主な配位子と名称

| 数字 | 1 | 2 | 3 | 4 | 5 | 6 |
|---|---|---|---|---|---|---|
| よび名 | モノ | ジ | トリ | テトラ | ペンタ | ヘキサ |

↑ 数詞（配位数のよび方）

例 ジアンミン銀（Ⅰ）イオン $[Ag(NH_3)_2]^+$
　銀イオンにアンモニア分子2個が配位結合してできる錯イオン。

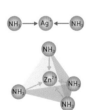

例 テトラアンミン亜鉛（Ⅱ）イオン $[Zn(NH_3)_4]^{2+}$
　亜鉛イオンにアンモニア分子4個が配位結合してできる錯イオン。

| 名前 | ジアンミン 銀(I)イオン | テトラアンミン 銅(II)イオン | テトラヒドロキシド 亜鉛(II)酸イオン | ヘキサシアニド 鉄(III)酸イオン |
|---|---|---|---|---|
| 化学式 | $[Ag(NH_3)_2]^+$ | $[Cu(NH_3)_4]^{2+}$ | $[Zn(OH)_4]^{2-}$ | $[Fe(CN)_6]^{3-}$ |
| 配位子 | $NH_3$ | $NH_3$ | $OH^-$ | $CN^-$ |
| 配位数 | 2 | 4 | 4 | 6 |
| 色 | 無色 | 深青色 | 無色 | 黄色 |
| 形 | 直線形 | 正方形 | 正四面体形 | 正八面体形 |

↑ 代表的な錯イオン

COLUMN

## 錯イオンの化学式と命名法

錯イオンの化学式は，金属イオン，配位子，配位数，錯イオンの価数の順に書く。名前は化学式を後ろから読み，配位数，配位子の名前，金属イオンの名前，（ ）に金属イオンの価数をローマ数字で示す。なお，錯イオンが陰イオンのときは「～酸イオン」とよぶ。

例えば，$[Fe(CN)_6]^{3-}$ は，鉄イオン $Fe^{3+}$ に配位子のシアン化物イオン $CN^-$ が配位結合してできた錯イオンで，配位数は 6，陰イオンであるから，「～酸イオン」である。したがって「ヘキサシアニド鉄(III)酸イオン」と読む。

# EXERCISE

**ANSWER**

☐ 01 ★★★ 結合する原子間で一方の原子から非共有電子対が提供され，それを両方の原子が互いに共有してできる結合を [　　] という。

**配位結合**

☐ 02 ★☆☆ 配位結合している分子や陰イオンのことを，[　　] という。

**配位子**

☐ 03 ★★☆ アンモニアの窒素原子は，水素イオンと配位結合を形成して [　　] を生じる。

**アンモニウムイオン**

☐ 04 ★★☆ 水分子に水素イオンが配位結合したものを，[　　] という。

**オキソニウムイオン**

☐ 05 ★★☆ 配位結合による共有結合と分子中の他の共有結合は，[異なる性質であり区別ができる　同じ性質であり区別ができない]。

**同じ性質であり区別ができない**

☐ 06 ★★☆ 金属イオンの周囲に，配位子が結合してできたイオンは，[　　] とよばれる。

**錯イオン**

☐ 07 ★★☆ 次の記述ア～エのうち，誤っているものを選べ。

ア　配位結合は，共有結合の一つである。

イ　配位結合は，1つの原子の非共有電子対が他の原子と共有されて生じる。

ウ　$NH_4^+$ に含まれる4つの N−H は互いに同じ性質である。

エ　配位結合を含まない錯イオンもある。

**ANSWER** エ

**解説** 錯イオンは，非共有電子対をもつ分子や陰イオンが，金属イオンに配位結合してできる。

# 16

# 分子の極性と分子間力

## ① 電気陰性度

これだけ！ **電気陰性度は F>O>Cl>N**

- **電気陰性度**：異なる2種類の原子間における共有結合で，原子が共有電子対を引きつける力の強さを表した数値。**この数値が大きいほど共有電子対を強く引きつける。**

- **電気陰性度の大きさ**：貴ガスを除き，周期表の右上にある元素（陰性の強い元素）ほど大きく，左下の元素（陽性の強い元素）ほど小さい。

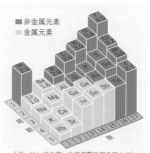

■ 非金属元素
■ 金属元素

（ポーリングの値・化学便覧改訂5版より）

↑ 電気陰性度

よく出る！ おもな原子の電気陰性度の大きさ順
フッ素 F>酸素 O>塩素 Cl>窒素 N>炭素 C>水素 H

## ② 結合の極性

これだけ！ **極性は共有結合による電荷のかたより**

- **結合の極性**：**共有結合による電荷のかたより**。分子をつくる原子の電気陰性度の違いにより，共有電子対が一方の原子にかたよりわずかな電荷（$\delta+$，$\delta-$）を生じる。

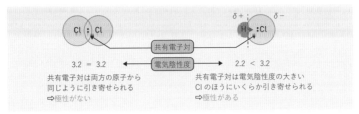

**↑ 結合の極性**

● **極性分子**：極性をもつ分子。原子間に電気陰性度の差があるものや分子の形が折れ線形や三角錐形のものなど，原子間の極性が打ち消し合わない分子。

（例）

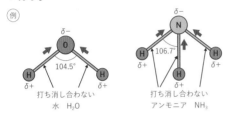

● **無極性分子**：極性をもたない分子。原子間に電気陰性度の差がないものや分子の形が直線形や正四面体形のものなど，原子間の極性が打ち消し合う分子。

（例）

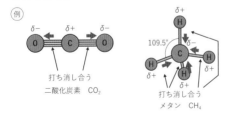

● **分子の極性と溶けやすさ**：水分子は極性分子である。 一般に**極性分子は，極性を持つ水分子と混じり合いやすく**，無極性分子は水分子とは混じりにくい。

物質の構成

## 分子間力

**これだけ！** 👆 分子間力はファンデルワールス力と水素結合

- **分子間力**：分子間にはたらく弱い引力。**ファンデルワールス力**や**水素結合**などがある。**化学結合**（イオン結合，共有結合，金属結合→ p.84）の力と比べてはるかに小さい。

- **ファンデルワールス力**：すべての分子どうしの間にはたらく力。分子量が大きいほど大きく，無極性分子よりも極性分子の方が大きい。

- **水素結合**：**フッ化水素 HF，水 $H_2O$，アンモニア $NH_3$** などの分子間にはたらく力。**ファンデルワールス力と比べるとかなり大きい**。これは，フッ素原子 F，酸素原子 O，窒素原子 N は電気陰性度の大きな元素であり，水素原子 H は電気陰性度の小さな原子であるから，これらの原子の組み合わせでできる分子は結合の極性が大きいためである。

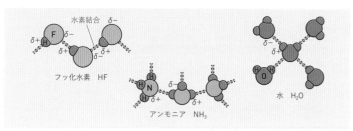

↑ 水素結合の例

# EXERCISE

**ANSWER**

☑ 01 共有結合している原子間で，原子が共有電子対を引 | **電気陰性度**
★★★ き寄せる度合いを数値で表したものを [　　] とい
う。

☑ 02 塩化水素 HCl の共有電子対は，塩素原子の方に強く | **負**
★★★ 引きつけられているため，塩素原子はわずかに
[　　] の電荷を帯びている。

☑ 03 F の電気陰性度の値は O よりも [大きい　小さい]。 | **大きい**
★★★

☑ 04 2原子間の共有結合において，電子が偏って存在す | **極性**
★★★ ることを結合の [　　] という。

☑ 05 結合の極性があるために，分子全体として電荷に偏 | **極性分子**
★★★ りがある分子を [　　] という。

☑ 06 結合の極性がない，あるいは結合の極性があっても， | **無極性分子**
★★★ 分子の形からそれが打ち消され，分子全体として電
荷の偏りがない分子を [　　] という。

☑ 07 水分子は極性分子であり，水分子中の酸素原子はい | **負**
★★★ くらか [正　負] の電荷を帯びている。

☑ 08 $CO_2$ は [　　] 形の無極性分子である。 | **直線**
★★★

☑ 09 次の物質のうち，水に溶けやすいものをすべて選びなさい。
★★★ (1) アンモニア（$NH_3$）　　(2) 窒素（$N_2$）　　(3) 硝酸カリウム（$KNO_3$）

**ANSWER** (1)，(3)

**解説** 分子式から分子の形を予想して，極性分子であるものを選ぶ。(3)はイオ
ン結合の物質なので，水に溶けやすい。

# 分子からなる物質

## 1 分子結晶

**これだけ！** 分子結晶は融点が低く，軟らかい

● **分子結晶**：多数の分子が分子間力で結ばれ，分子が規則正しく配列してできた固体。

● **分子結晶の特徴**：分子間力は弱い力なので，分子結晶は**融点が低く，軟らかい**ものや，**電気を通さない**ものが多い。また，**昇華**しやすいものもある。

例 ヨウ素 $I_2$，ナフタレン $C_{10}H_8$，固体の二酸化炭素（ドライアイス）$CO_2$

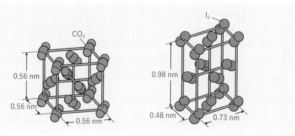

↑ 分子結晶の例

**これだけ！**  有機化合物は炭素を含む化合物

- **有機化合物**：炭素を含む化合物。有機化合物のほとんどは，共有結合でできる分子である。ただし，一酸化炭素 $CO$，二酸化炭素 $CO_2$，炭酸塩などは，炭素原子を含むが有機化合物に分類されない。

| 分子 | 性質・製法・用途など |
|---|---|
| メタン $CH_4$ | 無色無臭の可燃性の気体。天然ガスの主成分で，都市ガスに利用される。 |
| エチレン $C_2H_4$ | 無色でかすかに甘いにおいの気体。原油を原料に製造される。ポリエチレンなど多くの工業製品の原料になる。 |
| プロパン $C_3H_8$ | 無色の可燃性の気体。原油の分留により得られる。主にガス燃料として利用される。 |
| エタノール $C_2H_5OH$ | 無色透明な液体。糖やデンプンのアルコール発酵により製造される。消毒薬やアルコール飲料に利用される。 |

↑ 有機化合物の例

- **無機物質**：有機化合物以外の物質。

| 分子 | 性質・製法・用途など |
|---|---|
| 水素 $H_2$ | 無色無臭の気体。水の電気分解などで得られる。燃料電池の燃料や，ロケット燃料などに利用される。 |
| 酸素 $O_2$ | 無色無臭の気体。空気中に約 21% 含まれ，液体空気の分留によって得られる。 |
| アンモニア $NH_3$ | 無色刺激臭の気体。水素と窒素から直接合成される。窒素肥料や火薬の原料として利用される。 |
| 水 $H_2O$ | 無色透明な液体。自然界に豊富に存在し，生命活動に不可欠な物質である。極性分子やイオンからなる物質をよく溶かす。 |
| ヨウ素 $I_2$ | 黒紫色の固体。うがい薬などに利用される。 |

↑ 無機物質の例

これだけ！ 高分子化合物は単量体が共有結合で多く
つながった巨大分子

- **高分子化合物**：小さな分子が共有結合で数多くつながってできた巨大な分子。もとの小さな分子を**単量体（モノマー）**，できた高分子化合物を**重合体（ポリマー）**という。

- **重合**：単量体が重合体になる化学反応。付加重合，縮合重合などがある。

- **天然高分子化合物**：天然に存在する高分子化合物。
  (例) デンプン，タンパク質

- **合成高分子化合物**：人工的に合成された高分子化合物。
  (例) プラスチック

- **付加重合**：単量体の二重結合や三重結合が，となりの単量体と新たな共有結合をつくって高分子化合物ができる反応。
  (例) ポリエチレン …包装用フィルムやポリ袋に利用される。

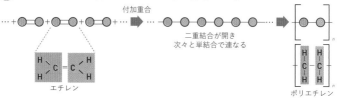

- **縮合重合**：単量体どうしから水のような簡単な分子が取れて次々と結合し，高分子化合物ができる反応。
  (例) ポリエチレンテレフタラート（PET）…ペットボトルや衣料に利用される。

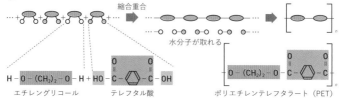

# EXERCISE

ANSWER

☑ 01
★★★
炭素を含む化合物を ____ という。

有機化合物

☑ 02
★★★
有機化合物以外の物質を ____ という。

無機物質

☑ 03
★★★
原子が数百〜数千個以上共有結合した巨大な分子を ____ という。

高分子化合物

☑ 04
★★☆
高分子化合物を構成する単位である小さな分子を ____ という。

単量体
(モノマー)

☑ 05
★★★
ポリエチレンテレフタラートはエチレングリコールとテレフタル酸が ____ してできた高分子化合物である。

縮合重合

☑ 06
★★★
分子からなる結晶を ____ という。

分子結晶

☑ 07
★★★
分子結晶は，固体のままでも，融解した液体状態でも，電気を [通す　通さない] ものが多い。

通さない

☑ 08
★★★
次のア〜エのうち，正しいものを1つ選べ。

ア　分子結晶は分子どうしが弱い力で引き合ってできているため，一般に融点は高い。

イ　ドライアイスは分子結晶であるが，氷は分子結晶ではない。

ウ　ヨウ素の結晶は昇華しやすい分子結晶である。

エ　分子からなる物質の沸点は，一般に分子量が大きいものほど低い。

ANSWER　ウ

解説　ア　分子間力は弱い力であるから，一般に分子結晶の融点は低い。

イ　氷は水分子からなる分子結晶である。

ウ　正しい。ヨウ素の結晶は黒紫色の固体であり，昇華性がある。

エ　一般に，沸点は分子量が大きいほど高い。

# 共有結合の結晶

## 1　共有結合の結晶

### これだけ！　共有結合の結晶は融点が非常に高く，硬い

● **共有結合の結晶**：多数の原子が共有結合で結びついた結晶。結晶を構成する原子の数が決まっていないため組成式で表す。

　例　ダイヤモンド C，黒鉛 C，ケイ素 Si，二酸化ケイ素 $SiO_2$

● **共有結合の結晶の特徴**：**融点が非常に高く，硬い**。溶媒に溶けない。また，**電気を通さない**ものが多い。

　例　ダイヤモンドの融点　3550 °C　黒鉛の融点 3530 °C　ケイ素の融点 1410 °C　二酸化ケイ素の融点 1726 °C

## 2　ダイヤモンドと黒鉛

### これだけ！　ダイヤモンドは硬いが黒鉛は軟らかい

● **ダイヤモンド C**：炭素原子が 4 個の価電子をすべて使い，次々に共有結合でつながってできた結晶。正四面体を基本とした立体網目構造。

● **ダイヤモンド C の性質**：**天然にある物質の中で最も硬い物質**。電気伝導性をもたない。石材などを切断する刃に使われたり，不純物の少ない結晶は宝石に加工されたりする。

↑ ダイヤモンドの結晶構造

- **黒鉛（グラファイト）C**：炭素原子Cが4個の価電子のうち3個を用い、となり合う炭素原子と結合し結晶。正六角形を基本とした平面網目構造。

- **黒鉛（グラファイト）C の性質**：黒鉛は比較的弱い分子間力で積み重なっているため、**層状にはがれやすく、軟らかい**。また、共有結合に使われていない価電子が平面内を自由に動くことができるようになっているので、**電気を通す**。

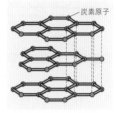
↑ 黒鉛の結晶構造

**よく出る！** ダイヤモンドと黒鉛の性質の違い

|  | ダイヤモンド | 黒鉛 |
|---|---|---|
| 色 | 無色・透明 | 黒色・不透明 |
| 硬さ | 非常に硬い | 軟らかい |
| 電気伝導性 | なし | あり |

### 3　ケイ素と二酸化ケイ素

**これだけ！**  **ケイ素は正四面体構造**

- **ケイ素 Si**：ダイヤモンドと同様に正四面体を基本とした立体網目構造をしている。岩石や鉱物の成分元素で、地殻中に多量に存在する。単体は天然には存在しない。高純度の結晶は、**半導体**\*として精密機器などに利用されている。

  \*半導体：電気伝導性が金属と絶縁体の中間の大きさのもの。

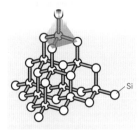

↑ ケイ素の結晶構造

● **二酸化ケイ素 SiO$_2$**：ケイ素原子と酸素原子が交互に並び，正四面体構造をつくっている。天然には**石英**として存在し，石英の透明な結晶を特に**水晶**という。石英を主成分とする砂は**ケイ砂**ともよばれる。結晶は硬くて融点が高く，薬品に侵されにくい。石英ガラスの主成分として利用されている。

↑ 二酸化ケイ素の結晶構造

# EXERCISE

ANSWER

☐ **01**
★★★
多数の［原子　イオン］が共有結合によって結合してできる結晶を，共有結合の結晶という。

**原子**

---

☐ **02**
★★★
周期表の第3周期に属する元素のうち，酸素との化合物が共有結合の結晶となるものは　　　　　である。

**ケイ素（Si）**

---

☐ **03**
★★★
炭素には価電子が　　　　　個存在するので，1つの元素の中で最も多い共有結合をもつことが可能である。

**4**

---

☐ **04**
★★★
黒鉛では，層状構造どうしが弱い　　　　　で積み重なっているため，この層に沿ってはがれやすく，軟らかい。

**分子間力**

---

☐ **05**
★★★
ダイヤモンドは無色透明で極めて硬く，電気を［通す　通さない］。

**通さない**

---

☐ **06**
★★★
二酸化ケイ素について，各群から適するものをすべて選びなさい。

【A群】結晶の種類

　　a　イオン結晶　b　共有結合の結晶　c　分子結晶

【B群】特徴

　　①　硬くてもろい。　　②　非常に硬く，融点が高い。

　　③　軟らかく，昇華する。

　　④　すべての原子が共有結合で結合している。

　　⑤　分子間にはたらく弱い力で結晶をつくる。

【C群】化学式の種類

　　ア　分子式で表される。　　イ　組成式で表される。

---

**ANSWER**　【A群】b　【B群】②，④　【C群】イ

**解説**　二酸化ケイ素は共有結合の結晶である。共有結合の結晶は融点が高く，硬いという特徴がある。また，組成式を用いて表す。

# 19

# 金属結合と金属結晶

## ① 金属結合

### これだけ！ 金属結合は自由電子による結合

● **金属結合**：金属元素の原子間の 結合。金属では，となり合った原 子の最外電子殻の一部が重なり， 価電子は**自由電子**となって，金属 原子の間を自由に移動できる。

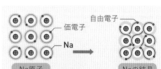

Na原子は1個の価電子をもっているが，Naの 結晶中では，この価電子は1個の原子に固定さ れないで自由に移動できる電子(自由電子)とな り，いくつかの原子に共有された状態になって いる。

↑ 金属結合

● **金属結合の強さ**：1原子あたりの自由電子の数が多いほど，また金属 原子の半径が小さくなるほど強くなる傾向がある。

## ② 金属結晶

### これだけ！ 金属結晶は金属光沢があり，展性・延性を示す

● **金属結晶**：金属結合で結ばれた金属原子の固体。組成式で表す。

● **金属結晶の性質**：金属光沢があり，**熱伝導性**や**電気伝導性**が大きい。 また，**展性**や**延性**を示す。

● **展性**：薄く広げることのできる性質。

● **延性**：長く引きのばすことのできる性質。

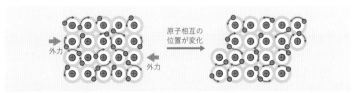

**よく出る！** 金属に展性や延性があるのは、自由電子が結晶全体を移動するため、変形させて原子核の位置をずらしたとしても結合が切れないためである。

外力　原子相互の位置が変化　外力

↑ 金属の展性・延性

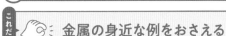

### 3　金属の利用

**これだけ！** 金属の身近な例をおさえる

- **鉄 Fe**（融点：1535℃　密度：7.87 g/cm³）：
  建築物の鉄骨，鉄筋，ステンレス鋼のような合金の材料などに広く使われている。鉄鉱石から製錬される。湿った空気中に置いておくと，空気中の酸素と結びついて赤さびを生じる。

- **アルミニウム Al**（融点：660℃　密度：2.70 g/cm³）：
  軽金属とよばれる密度の比較的小さな金属。缶やサッシに使われている。空気中に放置したときにできる酸化物の膜は丈夫であるため，人工的に膜をつくることがある。この膜を**アルマイト**という。

- **銅 Cu**（融点：1083℃　密度：8.96 g/cm³）：
  銀に次いで電気伝導性が大きい金属。比較的安価なため，電線などに使われている。城や神社，仏閣の屋根に銅が使われるのは，湿った空気で銅がさびを生じ，これが内部の銅を保護するためである。このさびを**緑青**という。

- **銀 Ag**（融点：952℃　密度：10.5 g/cm³）：
  最も熱伝導性や電気伝導性が大きい金属。展性，延性も金に次いで大きい。装飾品や食器などに使われる。

PART 1

物質の構成

- **金 Au**（融点：1064 ℃　密度：19.3 g/cm³）：
  取り扱い，延性の大きい金属。化学的に安定しており，さびも生じない。
  装飾品，電子機器材料に用いられる。

- **水銀 Hg**（融点：－39 ℃　密度：13.5 g/cm³）：
  金属の中で唯一，常温常圧において液体である。蒸気や塩化水銀（Ⅱ）
  $HgCl_2$ のような化合物は毒性が強い。

- **亜鉛 Zn**：電池の－極などに使われる。**トタン，黄銅（真ちゅう）のような合金の材料となる。**

- **スズ Sn**：**はんだ，青銅（ブロンズ）のような合金の材料となる。**

- **鉛 Pb**：鉛蓄電池などに使われる。毒性をもつ。

- **合金**：金属を融解させ，別の金属や非金属元素の単体を混ぜ合わせてつくった混合物。金属の単体にはない性質をもつ。その性質は，混ぜ合わせる元素や配合の割合によって様々である。

| 合金 | おもな成分 | 特徴 | 用途 |
|---|---|---|---|
| ステンレス鋼 | Fe, Cr, Ni, C | さびにくい。 | 流し台，工具 |
| 青銅（ブロンズ） | Cu, Sn | 鋳物にしやすく，硬い。 | 銅像 |
| 黄銅（真ちゅう） | Cu, Zn | 加工しやすい。 | 楽器 |
| ジュラルミン | Al, Cu, Mg | 軽くて強い。 | 航空機の機体 |
| 鉛フリーはんだ | Sn, Ag, Cu | 融点が低い。 | 金属の接合剤 |
| ニクロム | Ni, Cr | 電気抵抗が大きい。 | 電熱線 |
| 形状記憶合金 | Ni, Ti | 加熱するともとの形に戻る。 | メガネのフレーム，人工衛星のアンテナ |
| 水素吸蔵合金 | Ti, Ni | 水素を吸収・放出する。 | ニッケル－水素電池 |

↑ いろいろな合金

# EXERCISE

**ANSWER**

☐ **01**
★★★
金属原子が集まると各原子の [最外電子殻　原子核] の一部が重なるため，価電子は自由に移動できるようになる。

最外電子殻

☐ **02**
★★★
金属の単体では，金属結合によって各金属の原子どうしが結ばれており，これは　　　　によってもたらされている。

自由電子

☐ **03**
★★★
金属結合によって金属原子が規則正しく配列した結晶が　　　　である。

金属結晶

☐ **04**
★★★
金 Au で特に顕著であるが，金属には薄く広がる性質がある。このような性質を　　　　という。

展性

☐ **05**
★★★
純度の高い金はやわらかく，引っ張ると長く延びる性質を示す。この性質を　　　　という。

延性

☐ **06**
★★★
金属を，金づちでたたいて箔状にすると，原子の配列が変わる。このとき，金属に自由電子が存在することにより，金属結合は維持 [される　されない]。

される

☐ **07**
★★★
2 種類以上の金属を融かし合わせたものを　　　　という。

合金

☐ **08**
★★★
銅と亜鉛の合金を　　　　といい，美しく成形しやすいので，楽器や仏具，硬貨に使われる。

黄銅（真ちゅう）

☐ **09**
★★★
アルミニウムと，少量の銅，マグネシウムなどとの合金は　　　　とよばれ，軽くて強度が高いため，航空機の機体などに利用される。

ジュラルミン

PART 1

物質の構成

# SECTION 20　原子量

## 1　原子の相対質量

これだけ！ 👆 原子の質量は $^{12}_{6}C$ を基準とする

● **原子の相対質量**：原子1個の質量は非常に小さいため，原子の質量を比較するときは，「**質量数12の炭素原子 $^{12}_{6}C$ 1個の質量を12**」として，これを基準にした数値で表す。質量の比なので，単位はない。

（例）水素原子 $^{1}H$ の $^{12}C$ に対する相対質量

$$^{1}H \text{ の相対質量} = 12 \times \frac{^{1}H \text{ 1 個の質量}}{^{12}C \text{ 1 個の質量}} = 12 \times \frac{0.16735 \times 10^{-23}}{1.9926 \times 10^{-23}} \fallingdotseq 1.0078$$

> 注意！
> 現在ではそれぞれの原子の質量がわかっているが，その数値をこのまま用いるのは非常にわずらわしいので，$^{12}C$ 原子1個の質量を12として他の原子の質量の比を決めたものを原子の相対質量として取り扱っている。相対質量は原子の質量の比であり，実際の原子1個の質量ではない。

● **原子の相対質量と質量数の関係**：相対質量の値と質量数（陽子の数＋中性子の数）の値は，ほぼ等しい。

| 原子 | 相対質量 | 質量数 |
|------|---------|--------|
| $^{1}H$ | 1.0078 | 1 |
| $^{12}C$ | 12（基準） | 12 |
| $^{16}O$ | 15.995 | 16 |
| $^{35}Cl$ | 34.969 | 35 |

↑ 主な原子の相対質量と質量数

**原子量**

> **原子量＝（同位体の相対質量×存在比）の和**

● **原子量**：**元素に含まれるそれぞれの同位体の相対質量の平均値。** 相対質量の平均値なので，原子量にも単位はない。また，天然に同位体が一つしか存在しない元素（Na，F，Al など）は，相対質量が原子量となる。

● **原子量の求め方**：**（同位体の相対質量×存在比）の和で求まる。** 例えば，同位体が A，B，C の 3 種類ある場合

原子量＝｛（同位体 A の相対質量）×（同位体 A の存在比）｝＋｛（同位体 B の相対質量）×（同位体 B の存在比）｝＋｛（同位体 C の相対質量）×（同位体 C の存在比）｝

（例）Cl の原子量の計算
相対質量 35.0 の $^{35}_{17}Cl$ が 75 %，相対質量 37.0 の $^{37}_{17}Cl$ が 25 %存在する場合
Cl 原子の原子量＝$35.0×0.75＋37.0×0.25＝35.5$

| 元素 | H | C | N | O | Na | Mg | Al | Si | S | Cl | K | Ca | Fe | Cu | Ag |
|---|---|---|---|---|---|---|---|---|---|---|---|---|---|---|---|
| 原子量 | 1.0 | 12 | 14 | 16 | 23 | 24 | 27 | 28 | 32 | 35.5 | 39 | 40 | 56 | 63.5 | 108 |

↑ 主な元素の原子量（概数値）

物質の変化

# EXERCISE

| | | ANSWER |
|---|---|---|
| ☐ **01** ★★★ | 原子の質量は非常に小さくて扱いにくいため, その ままの値ではなく, ___ を用いて表す。 | 相対質量 |
| ☐ **02** ★★★ | 「質量数が 12 の $^{12}C$ 1 個の質量を ___ とする」 という基準により求めた原子の質量の比を, 相対質 量という。 | 12 |
| ☐ **03** ★★★ | 原子の相対質量は, 原子の ___ にほぼ等しい。 | 質量数 |
| ☐ **04** ★★★ | 原子量=( ___ の相対質量×存在比)の和 | 同位体 |

☐ **05**
★★★
原子番号 31 のガリウムには, $^{69}Ga$ と $^{71}Ga$ が存在する。$^{69}Ga$ と $^{71}Ga$ の相 対質量がそれぞれ 68.9 と 70.9 で, 存在比がそれぞれ 60.0% と 40.0% で あるとすると, Ga の原子量はいくらか。有効数字 3 桁で答えよ。

- - - - - - - - - - - - - - - - - - - - - - - - - - - - - - - - - - - - - - - - - - - - - - - - - -

**ANSWER** 69.7

**解説** 「原子量={(同位体の相対質量)×(存在比)}の和」より,

$$68.9 \times \frac{60.0}{100} + 70.9 \times \frac{40.0}{100} = 69.7$$

- - - - - - - - - - - - - - - - - - - - - - - - - - - - - - - - - - - - - - - - - - - - - - - - - -

☐ **06**
★★★
塩素には相対質量が 35.0 の $^{35}Cl$ と, 37.0 の $^{37}Cl$ という 2 つの同位体が存 在し, 塩素の原子量は 35.5 である。このとき, $^{35}Cl$ の存在比〔%〕を有 効数字 3 桁で答えよ。

- - - - - - - - - - - - - - - - - - - - - - - - - - - - - - - - - - - - - - - - - - - - - - - - - -

**ANSWER** 75.0%

**解説** 求める割合を $x$ %とする。「原子量={(同位体の相対質量)×(存在比)} の 和」より, $35.0 \times \frac{x}{100} + 37.0 \times \frac{100-x}{100} = 35.5$

$x = 75.0$〔%〕

☑ **07**
★☆☆
質量が $1.99 \times 10^{-23}$ g の炭素 $^{12}$C 1 個の質量を 12 として，質量 $2.30 \times 10^{-23}$ g の窒素原子の相対質量を，有効数字 3 桁で答えよ。

・・・・・・・・・・・・・・・・・・・・・・・・・・・・・・・・・・・・・・・・・・・・・・・・・・・・・・・・・・・・・・・・

**ANSWER** 13.9

**解説** $12 \times \dfrac{2.30 \times 10^{-23}}{1.99 \times 10^{-23}} = 13.86\cdots \fallingdotseq 13.9$

☑ **08**
★★★
ホウ素には $^{10}$B と $^{11}$B の 2 種類の同位体が存在する。それぞれの相対質量は 10，11 であり，ホウ素の原子量は 10.8 である。$^{10}$B の存在比は何%か，求めよ。

・・・・・・・・・・・・・・・・・・・・・・・・・・・・・・・・・・・・・・・・・・・・・・・・・・・・・・・・・・・・・・・・

**ANSWER** 20%

**解説** $^{10}$B の存在比を $x$ %とすると，$^{11}$B の存在比は $(100-x)$ %となる。
「原子量＝{(同位体の相対質量)×(存在比)}の和」より，
$10 \times \dfrac{x}{100} + 11 \times \dfrac{100-x}{100} = 10.8$　$x = 20$〔%〕

☑ **09**
★★★
ある元素 X の単体 1.4 g を酸素と反応させたところ，0.6 g の酸素が結びついた。この酸化物の X 原子と酸素原子の原子の数の比が 2：3 であった。原子量 O＝16 として，元素 X の原子量を求めよ。

・・・・・・・・・・・・・・・・・・・・・・・・・・・・・・・・・・・・・・・・・・・・・・・・・・・・・・・・・・・・・・・・

**ANSWER** 56

**解説** 元素 X の原子量を $x$ とする。$1.4 : 0.6 = 2 \times x : 16 \times 3$　$x = 56$

# 21

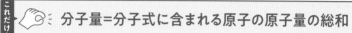

# 分子量・式量

## 1 分子量

これだけ！ **分子量=分子式に含まれる原子の原子量の総和**

● **分子量**：分子式に含まれる原子の原子量の総和。

（例）$H_2O$ の分子量の計算

各原子の原子量は $H=1.0$，$O=16$ なので，
$H_2O$ の分子量は $1.0 \times 2 + 16 = 18$ となる。

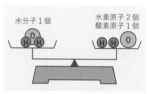

水分子1個　　水素原子2個
酸素原子1個

↑ 水の分子量

## 2 式量

これだけ！ **式量=化学式に含まれる原子の原子量の総和**

● **式量**：イオン結晶や金属など，イオンの化学式や組成式で表される物質の化学式に含まれる原子の原子量の総和。

（例）① $OH^-$ の式量の計算

各原子の原子量は $H=1.0$，$O=16$ なので，$OH^-$ の式量は，$1.0 + 16 = 17$ となる。

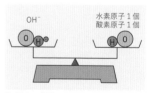

$OH^-$　　水素原子1個
酸素原子1個

↑ $OH^-$ の式量

電子の質量は，原子核の質量に比べて非常に小さいので，式量では考えなくてよい。

例 ② NaCl の式量の計算

各原子の原子量が Na = 23，Cl = 35.5 なので，NaCl の式量は 23 + 35.5 = 58.5 となる。

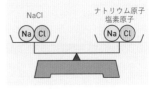

↑ NaCl の式量

式量の求め方は分子量の場合と同じ。しかし，分子ではないので分子量とはよばない。また，金属では原子量が式量になる。

---

### COLUMN

## 空気の平均分子量（見かけの分子量）

原子量の求め方を応用すると，混合物の平均分子量を求めることができる。

平均分子量 =（各分子の分子量 × 分子の存在比）の合計

空気は数種類の気体の混合物である。主な成分は窒素 $N_2$ と酸素 $O_2$ で，窒素の存在比は約 80 %，酸素は約 20 %である。空気が窒素と酸素だけを含んでいるとみなして，その平均分子量を求める。それぞれの分子量は，窒素が 28，酸素が 32 なので，平均分子量 = $28 \times 0.8 + 32 \times 0.2 = 28.8$ となる。

気体は同じ体積で比べると，分子量の大きい方が重い。種々の気体の分子量を空気の平均分子量である 28.8 と比べると，その気体が空気より重い（密度が大きい）か軽い（密度が小さい）かがわかる。例えば，アンモニア $NH_3$ の分子量は 17 で空気より軽い。二酸化炭素 $CO_2$ の分子量は 44 で空気より重い。都市ガスの主成分であるメタンは分子量が 16 で空気より軽く，室内で漏れると天井付近からたまるが，ガスボンベに入っているプロパンガスは，分子量が 44 なので空気より重く，床からたまる。

# CHECK TEST

| | | **ANSWER** |
|---|---|---|

☐ **01**
★★☆
分子式に含まれる原子の原子量の総和を _____ と いう。

**分子量**

---

☐ **02**
★★☆
イオンの化学式中・組成式中の原子の原子量の総和 を _____ という。

**式量**

---

☐ **03**
★★☆
ナトリウムイオンの式量は，ナトリウムの _____ と等しいと考えてよい。

**原子量**

---

☐ **04**
★★★
ZnS の式量を求めよ。ただし，原子量は Zn＝65.4，S＝32.1 とする。

........................................................................................................................

**ANSWER** 97.5

**解説** $65.4 + 32.1 = 97.5$

---

☐ **05**
★☆☆
ある金属 M の塩化物 $MCl_3$ の式量が $a$ であるとき，この金属の酸化物 $M_2O_3$ の式量を，$a$ を用いて表すといくらになるか，答えよ。ただし，原子量は Cl＝35.5，O＝16.0 とする。

........................................................................................................................

**ANSWER** $2a - 165$

**解説** M の原子量を $x$ とすると，$x + 35.5 \times 3 = a$　$x = a - 106.5$
よって，$M_2O_3 = (a - 106.5) \times 2 + 16.0 \times 3 = 2a - 165$

---

☐ **06**
★★★
下の原子量を用いて，次の物質の分子量を求めよ。
① メタン $CH_4$　② 二酸化炭素 $CO_2$
③ 硝酸 $HNO_3$　④ エタノール $C_2H_5OH$

原子量

H＝1.0　C＝12　N＝14　O＝16

........................................................................................................................

**ANSWER** ① 16　② 44　③ 63　④ 46

**解説** それぞれの分子式から求める。
① $CH_4$　　　$12 + 1 \times 4 = 16$

② $CO_2$    $12 + 16 \times 2 = 44$

③ $HNO_3$    $1.0 + 14 + 16 \times 3 = 63$

④ $C_2H_5OH$    $12 \times 2 + 1 \times 6 + 16 = 46$

---

☑ **07** 下の原子量を用いて，次の物質の式量を求めよ。
★★★

① 水酸化ナトリウム $NaOH$    ② 塩化カルシウム $CaCl_2$

③ アンモニウムイオン $NH_4^+$    ④ 硫酸イオン $SO_4^{2-}$

原子量

$H = 1.0$  $N = 14$  $O = 16$  $Na = 23$  $S = 32$  $Cl = 35.5$  $Ca = 40$

.........

**ANSWER** ① 40 ② 111 ③ 18 ④ 96

**解説** それぞれの組成式やイオンの化学式から求める。

① $NaOH$    $23 + 16 + 1.0 = 40$

② $CaCl_2$    $40 + 35.5 \times 2 = 111$

③ $NH_4^+$    $14 + 1.0 \times 4 = 18$

④ $SO_4^{2-}$    $32 + 16 \times 4 = 96$

---

☑ **08** ある金属元素 X が酸素と反応したときの化合物は組成式 XO で表される。
★★★ XO 中の X の質量の割合は 60 % である。この金属元素 X の原子量はいくらか求めよ。ただし，原子量は $O = 16$ とする。

.........

**ANSWER** 24

**解説** X の原子量を $x$ とする。

$$\frac{\text{X の原子量}}{\text{XO の式量}} = \frac{x}{x+16} = \frac{60}{100}$$

よって $x = 24$

# 物質量・モル質量

## 1　物質量

これだけ！ 👉 $6.02 \times 10^{23}$ 個の粒子のまとまりが 1 mol

- **1 mol（1 モル）**：化学では，原子や分子などの粒子 $6.02 \times 10^{23}$ 個を 1 まとまりとして扱う。このまとまりを 1 mol と表す。

- **物質量**：mol を単位として表した量。

- **アボガドロ定数（記号 $N_A$）**：
  **1 mol あたりの粒子の数**。$N_A = 6.02 \times 10^{23}$/mol。

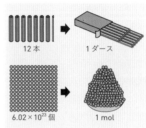

12 本　→　1 ダース

$6.02 \times 10^{23}$ 個　→　1 mol

↑ 1 ダースと 1 mol

- **物質量と粒子の関係**：ある物質の**粒子の数**と**アボガドロ定数**と**物質量**の間には，次の関係が成り立つ。

$$物質量〔mol〕= \frac{粒子の数}{アボガドロ定数〔/mol〕}$$

## 2　物質量と質量

これだけ！ 👉 $物質量〔mol〕= \frac{質量〔g〕}{モル質量〔g/mol〕}$

- **モル質量**：物質 1 mol あたりの質量。原子量，分子量，式量の値に単位 g/mol をつけたもの。

  例 式量 27 のアルミニウム Al のモル質量は 27 g/mol
  　分子量 18 の水 $H_2O$ のモル質量は 18 g/mol
  　式量 58.5 の塩化ナトリウム NaCl のモル質量は 58.5 g/mol

- **モル質量を使った物質量の求め方**：ある物質の**モル質量**と**質量**と**物質量**の間には，次の関係が成り立つ。

$$物質量〔mol〕 = \frac{質量〔g〕}{モル質量〔g/mol〕}$$

この式を変形すると，次のようになる。

**質量〔g〕＝物質量〔mol〕×モル質量〔g/mol〕**

| | 炭素原子 C | 水分子 $H_2O$ | アルミニウム Al | 塩化ナトリウム NaCl |
|---|---|---|---|---|
| 原子量・分子量・式量 | 12 | $1.0 \times 2 + 16 = 18$ | 27 | $23 + 35.5 = 58.5$ |
| 1 mol の粒子の数と質量 | C が $6.02 \times 10^{23}$ 個 12 g | O H H が $6.02 \times 10^{23}$ 個 18 g | Al が $6.02 \times 10^{23}$ 個 27 g | Na と Cl がそれぞれ $6.02 \times 10^{23}$ 個 58.5 g |
| モル質量 | 12 g/mol | 18 g/mol | 27 g/mol | 58.5 g/mol |

↑ 原子量・分子量・式量と物質量の関係

- **1 mol が表す意味**：物質量を考えるときは着目する粒子が何かを明確にする。

例 水素分子 $H_2$ 1 mol には，水素原子 H が 2 mol 含まれている。

# EXERCISE

**ANSWER**

☑ **01**
★★★
$6.0 \times 10^{23}$ 個の粒子の集団を，1 ▢ という。

**mol**

☑ **02**
★★★
$6.0 \times 10^{23}$ 個の粒子の集団を 1 単位として表した粒子の量を ▢ という。

**物質量**

☑ **03**
★★☆
1 mol あたりの粒子の数のことを ▢ という。

**アボガドロ定数**

☑ **04**
★☆☆
次の式の ▢ にあてはまる言葉を答えよ。

$$物質量〔mol〕= \frac{\boxed{\phantom{xxxx}}}{アボガドロ定数〔/mol〕}$$

**粒子の数**

☑ **05**
★☆☆
次の式の ▢ にあてはまる言葉を答えよ。
質量〔g〕=物質量〔mol〕× ▢ 〔g/mol〕

**モル質量**

☑ **06**
★★★
水分子には，水素原子 2 個と酸素原子 1 個が含まれていることから，その 1 モルの質量を整数で求めよ。ただし，原子量は H = 1.0, O = 16 とする。

**ANSWER** 18 g

**解説** $1.0 \times 2 + 16 \times 1 = 18〔g〕$

☑ **07**
★★★
71 g の塩素分子の物質量を求めよ。ただし，原子量は Cl = 35.5 とする。

**ANSWER** 1.0 mol

**解説** $Cl_2 = 71$ より，モル質量は 71 g/mol だから $\dfrac{71\,g}{71\,g/mol} = 1.0〔mol〕$

☑ **08**
★★★
次の問いに答えよ。ただし，アボガドロ定数 $N_A = 6.0 \times 10^{23}/mol$ とする。
① 水分子 $1.2 \times 10^{24}$ 個は何 mol か。
② 水素 0.50 mol に含まれる水素分子は何個か。
③ 二酸化炭素 2 mol に含まれる炭素原子と酸素原子はそれぞれ何個か。

**ANSWER**
① 2.0 mol　② 3.0×10²³ 個

③ 炭素原子…1.2×10²⁴ 個，酸素原子…2.4×10²⁴ 個

**解説**
① $\dfrac{1.2 \times 10^{24}}{6.0 \times 10^{23}/\text{mol}} = \dfrac{12 \times 10^{23}}{6.0 \times 10^{23}}/\text{mol} = 2.0 (\text{mol})$

② $0.50 \text{ mol} \times 6.0 \times 10^{23}/\text{mol} = 3.0 \times 10^{23} (\text{個})$

③ 二酸化炭素の分子式は $CO_2$ である。1 mol の $CO_2$ は，1 mol の C 原子と 2 mol の O 原子を含む。

したがって，2.0 mol の $CO_2$ に含まれる C 原子の数は，粒子の数＝物質量〔mol〕×アボガドロ定数〔/mol〕より，

2.0 mol×6.0×10²³ mol＝1.2×10²⁴〔個〕，O 原子の数は，

4.0 mol×6.0×10²³ mol＝2.4×10²⁴〔個〕となる。

---

☐ **09** 下の原子量を用いて，次の問いに答えよ。
★★★
① 水 36 g は何 mol か。

② 二酸化炭素 2.2 g は何 mol か。

③ 硝酸 6.3 g は何 mol か。

④ 塩化ナトリウム 0.20 mol は何 g か。

原子量

H＝1.0　C＝12　N＝14　O＝16　Na＝23　Cl＝35.5

---

**ANSWER**
① 2.0 mol　② 0.050 mol　③ 0.10 mol　④ 11.7 g

**解説**
① 水 $H_2O$ のモル質量は，分子量が 18 なので 18 g/mol である。よって，36 g の水の物質量は 36÷18＝2.0〔mol〕である。

② 二酸化炭素 $CO_2$ の分子量は 44 なので，モル質量は 44 g/mol である。よって，2.2 g の二酸化炭素の物質量は 2.2÷44＝0.050〔mol〕である。

③ 硝酸 $HNO_3$ の分子量が 63 で，モル質量が 63 g/mol なので，硝酸 6.3 g は 6.3÷63＝0.10〔mol〕である。

④ 塩化ナトリウム NaCl の式量が 58.5 で，モル質量は 58.5 g/mol なので，塩化ナトリウム 0.20 mol は 0.20×58.5＝11.7〔g〕である。

# 23 アボガドロの法則と モル体積

## 1 アボガドロの法則

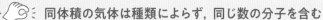

これだけ！ 同体積の気体は種類によらず，同じ数の分子を含む

- **アボガドロの法則**：**同温・同圧のもと**で同体積の気体には，気体の種類によらず，同じ数の分子を含む。

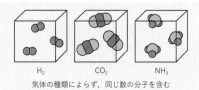

H₂    CO₂    NH₃
気体の種類によらず，同じ数の分子を含む

↑ 同体積の気体

## 2 モル体積

これだけ！ $$物質量〔mol〕＝\frac{気体の体積〔L〕}{22.4〔L/mol〕}$$

- **モル体積**：気体 1 mol あたりの体積。0 ℃，$1.013×10^5$ Pa （標準状態）でのモル体積は，**種類によらずほぼ 22.4 L/mol** になり，その中にはアボガドロ数（$6.02×10^{23}$）個の分子を含む。

- **モル体積を使った物質量の求め方**：0 ℃，$1.013×10^5$ Pa （標準状態）での物質量は，モル体積を用いて次のように表される。

$$物質量〔mol〕＝\frac{気体の体積〔L〕}{22.4〔L/mol〕}$$

## う 気体の密度

これだけ！ 気体の密度〔g/L〕= $\dfrac{\text{モル質量〔g/mol〕}}{\text{モル体積〔L/mol〕}}$

● **気体の密度**：**気体 1 L あたりの質量〔g〕**。単位は g/L。気体の密度は，モル体積を用いて次のように表される。

$$\text{気体の密度〔g/L〕} = \dfrac{\text{質量〔g〕}}{\text{体積〔L〕}} = \dfrac{\text{モル質量〔g/mol〕}}{\text{モル体積〔L/mol〕}}$$

● **気体の密度と分子量の関係**：気体の密度〔g/L〕がわかれば，その気体の分子量を求めることができる。

(例) 0 ℃，1.013×10⁵ Pa（標準状態）での密度が 2.0 g/L の気体 A の分子量を考える。モル質量〔g/mol〕から単位を取った値が分子量なので，モル質量〔g/mol〕がわかればよい。
標準状態では，モル体積が 22.4 L/mol より，モル質量は
  2.0〔g/L〕× 22.4〔L/mol〕= 44.8〔g/mol〕
よって分子量は 44.8

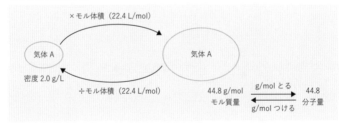

↑ 気体の密度と分子量

# EXERCISE

| | | ANSWER |
|---|---|---|
| ☐ **01** ★★★ | 気体 1 mol あたりの体積を ◻️ という。 | **モル体積** |
| ☐ **02** ★★★ | アボガドロ数（$6.0 \times 10^{23}$）個の分子を含む気体の体積は，標準状態で ◻️ L である。 | **22.4** |
| ☐ **03** ★★★ | 物質量〔mol〕 $= \dfrac{気体の体積〔L〕}{\boxed{\phantom{000}}〔L/mol〕}$ | **22.4** |
| ☐ **04** ★★★ | 気体の密度〔g/L〕 $= \dfrac{\boxed{\phantom{000}}〔g/mol〕}{モル体積〔L/mol〕}$ | **モル質量** |

☐ **05** 水素 0.25 mol は標準状態で何 L か。
★★★

**ANSWER** 5.6 L

**解説** どの気体も，標準状態におけるモル体積は 22.4 L/mol である。
よって，$0.25 \times 22.4 = 5.6$〔L〕

☐ **06** 標準状態で 4.48 L のネオンの物質量を，有効数字 3 桁で求めると，何
★★★ mol になるか。

**ANSWER** 0.200 mol

**解説** $\dfrac{4.48 \, L}{22.4 \, L/mol} = 0.200$〔mol〕

☐ **07** ある気体の標準状態での密度は 1.43 g/L であった。この気体の分子量を
★★★ 整数を求めよ。

**ANSWER** 32

**解説** 分子量を求めるには，モル質量を求めればよい。
$1.43 \, g/L \times 22.4 \, L/mol = 32.032 \, g/mol$ より，分子量は 32 である。

☑ 08　標準状態で体積が $a$〔L〕，質量が $b$〔g〕の気体がある。この気体の分子量を，
★★☆　$a$，$b$ を用いて表せ。

**ANSWER**　$\dfrac{22.4b}{a}\left(\dfrac{112b}{5a}\right)$

**解説**　密度〔g/L〕$= \dfrac{\text{モル質量〔g/mol〕}}{\text{モル体積〔L/mol〕}}$ より，

モル質量は

$\dfrac{b}{a}$〔g/L〕$\times 22.4$ L/mol $= \dfrac{22.4b}{a}$〔g/mol〕

よって分子量は $\dfrac{22.4b}{a}$

---

☑ 09　アボガドロ定数を $N_A$ とすると，標準状態で 2 L の体積をもつ窒素中の分
★★☆　子の数はどうなるか。

**ANSWER**　$\dfrac{N_A}{11.2}\left(\dfrac{5N_A}{56}\right)$ 個

**解説**　この窒素の物質量は，$\dfrac{2\,L}{22.4\,L/mol} = \dfrac{1}{11.2}$ mol なので，分子の数は，

$N_A \times \dfrac{1}{11.2} = \dfrac{N_A}{11.2}$ 個となる。

---

☑ 10　4.8 g のメタン（$CH_4$）の標準状態での体積は何 L か。また，メタン分子
★★☆　は何個含まれているか。有効数字 2 桁で求めよ。ただし，アボガドロ定
数を $6.0 \times 10^{23}$/mol とし，原子量は H＝1.0，C＝12 とする。

**ANSWER**　体積…6.7 L　　メタン分子の数…$1.8 \times 10^{23}$ 個

**解説**　4.8 g のメタンはモル質量は 16 g/mol なので，$\dfrac{4.8\,g}{16\,g/mol} = 0.30$ mol である。

よって，標準状態での体積は 0.30 mol $\times 22.4$ L/mol $= 6.72$ L で，有効数字
より，答えは 6.7 L となる。

また，含まれる分子の数は，

　0.30 mol $\times 6.0 \times 10^{23}$/mol $= 1.8 \times 10^{23}$〔個〕である。

PART 2

物質の変化

# SECTION 24

# 溶液の濃度

## 1 溶解

これだけ！ 👉 **溶液＝溶質＋溶媒**

● **溶解**：物質が液体に溶けて，均一に混じり合うこと。

● **溶質**：液体に溶けている物質。

● **溶媒**：溶質を溶かしている物質。

● **溶液**：溶解によってできた液体。溶媒が水である場合の溶液を水溶液という。

↑ 溶質・溶媒・溶液の関係

## 2 質量パーセント濃度

これだけ！ 👉 $$質量パーセント濃度〔\%〕＝\frac{溶質の質量〔g〕}{溶液の質量〔g〕}×100$$

● **質量パーセント濃度**：溶液の質量に対する溶質の質量の割合を百分率〔％〕で表した濃度。質量パーセント濃度は，次の式で求められる。

$$質量パーセント濃度〔\%〕= \frac{溶質の質量〔g〕}{溶液の質量〔g〕} \times 100$$

$$= \frac{溶質の質量〔g〕}{(溶媒+溶質)の質量〔g〕} \times 100$$

塩化ナトリウム　水　塩化ナトリウム
15 g　85 g　水溶液　100 g

↑ 質量パーセント濃度 15 ％の塩化ナトリウム水溶液の調製

### 3　モル濃度

これだけ！　🖐 モル濃度〔mol/L〕= $\dfrac{溶質の物質量〔mol〕}{溶液の体積〔L〕}$

● **モル濃度**：溶液 1 L あたりに溶けている溶質の量を物質量で表した濃度。単位は mol/L。モル濃度は，次の式で求められる。

$$モル濃度〔mol/L〕= \frac{溶質の物質量〔mol〕}{溶液の体積〔L〕}$$

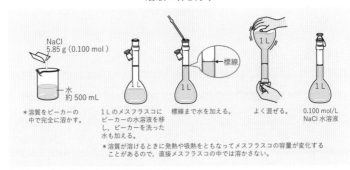

NaCl
5.85 g (0.100 mol )

水
約 500 mL

←標線

1 L

1 L

0.100 mol/L
NaCl 水溶液

＊溶質をビーカーの中で完全に溶かす。

1 Lのメスフラスコにビーカーの水溶液を移し，ビーカーを洗った水も加える。

標線まで水を加える。

よく混ぜる。

＊溶質が溶けるときに発熱や吸熱をともなってメスフラスコの容量が変化することがあるので，直接メスフラスコの中では溶かさない。

↑ 0.100 mol/L の塩化ナトリウム水溶液の調製

物質の変化

これだけ！ 👉 **濃度の換算は溶液 1 L の質量を求めることから始める**

- **質量パーセント濃度からモル濃度への換算**：質量パーセント濃度 $a$〔%〕（溶質のモル質量 $M$〔g/mol〕，密度 $d$〔g/cm³〕）のモル濃度を求めるときは，溶液 1 L（= 1000 mL = 1000 cm³）について考え，そのなかの溶質の物質量を求める。手順は①から④のようになる。

① 溶液 1 L の質量〔g〕を求める。 $1000\,\text{cm}^3 \times d\,\text{〔g/cm}^3\text{〕}$

② 溶質の質量〔g〕を求める。 $1000\,\text{cm}^3 \times d\,\text{〔g/cm}^3\text{〕} \times \dfrac{a\,\text{〔%〕}}{100}$

③ 溶質の物質量〔mol〕を求める。

$$1000\,\text{cm}^3 \times d\,\text{〔g/cm}^3\text{〕} \times \frac{a\,\text{〔%〕}}{100} \times \frac{1}{M\,\text{〔g/mol〕}}$$

④ 1 L 中に $1000\,\text{cm}^3 \times d\,\text{〔g/cm}^3\text{〕} \times \dfrac{a\,\text{〔%〕}}{100} \times \dfrac{1}{M\,\text{〔g/mol〕}}$〔mol〕溶けているので，モル濃度〔mol/L〕は，

$$1000\,\text{cm}^3 \times d\,\text{〔g/cm}^3\text{〕} \times \frac{a\,\text{〔%〕}}{100} \times \frac{1}{M\,\text{〔g/mol〕}} \div 1\,\text{L} \quad \text{となる。}$$

- **モル濃度から質量パーセント濃度への換算**：モル濃度 $c$〔mol/L〕（溶質のモル質量 $M$〔g/mol〕，密度 $d$〔g/cm³〕）の質量パーセント濃度を求めるときも，溶液 1 L（= 1000 mL = 1000 cm³）について考え，溶液の質量とその中の溶質の質量を求める。手順は①から④のようになる。

① 溶液 1 L の質量〔g〕を求める。 $1000\,\text{cm}^3 \times d\,\text{〔g/cm}^3\text{〕}$

② 溶質の物質量〔mol〕を求める。 $c\,\text{〔mol/L〕} \times 1\,\text{L}$

③ 溶質の質量〔g〕を求める。 $M\,\text{〔g/mol〕} \times c\,\text{〔mol/L〕} \times 1\,\text{L}$

④ $\dfrac{③}{①} \times 100$ により，質量パーセント濃度〔%〕は，

$$\frac{M\,\text{〔g/mol〕} \times c\,\text{〔mol/L〕} \times 1\,\text{L}}{1000\,\text{cm}^3 \times d\,\text{〔g/cm}^3\text{〕}} \times 100 \quad \text{となる。}$$

注意！ 濃度の問題では，溶媒の体積だけで計算してしまうミスが多いので，「溶液＝溶媒＋溶質」であることをしっかりおさえておく。また，与えられた単位や答える単位が mL なのか L なのかにも注意する。

# EXERCISE

ANSWER

☑ 01 ★★★ 溶液中に他の物質が溶けて均一に混ざり合うことを □ という。

**溶解**

☑ 02 ★★★ 溶液に溶けている物質を □ という。

**溶質**

☑ 03 ★★★ 物質を溶かしている液体を □ という。

**溶媒**

☑ 04 ★★★ 溶液中に存在する溶質の割合を, □ という。

**濃度**

☑ 05 ★★★ 溶液の質量に対する溶質の質量の割合を百分率で表す濃度を, □ という。

**質量パーセント濃度**

☑ 06 ★★★ 溶液 1 L 中に溶解している溶質の物質量で表す濃度を, □ という。

**モル濃度**

☑ 07 ★★★ ある水溶液 200 g の質量パーセント濃度が 24 % のとき, 溶媒は何 g か。

**ANSWER** 152 g

**解説** $200 - 200 \times \dfrac{24}{100} = 152〔g〕$

☑ 08 ★★★ 1.0 g の硝酸カリウム $KNO_3$（モル質量 101 g/mol）を正確に 100 mL の溶液になるように水に溶かしたとき, この $KNO_3$ 水溶液のモル濃度を, 有効数字 2 桁で答えよ。

**ANSWER** $9.9 \times 10^{-2}$ mol/L

**解説** 1.0 g の $KNO_3$ の物質量は, $\dfrac{1.0}{101}$〔mol〕 である。これを水に溶かして 100 mL の溶液にしているから,

$\dfrac{1.0}{101} \times \dfrac{1000}{100} \fallingdotseq 9.9 \times 10^{-2}〔mol/L〕$

# 化学反応式

## 1 　化学反応式

 化学反応式は両辺で原子の種類と数が
等しくなるように作る

● **化学反応**：ある物質が別の物質になる変化。**化学変化**ともいう。

● **化学反応式**：**化学式を用いて化学変化を表した式**。反応式ともいう。
反応前の物質を**反応物**，化学反応によってできる物質を**生成物**という。

● **係数**：化学反応式で，各化学式の前にある数字で，反応に関係する物質
の原子や分子の数の比を表す。

● **化学反応式の作り方**：水素と酸素の反応例
　① 　反応物と生成物の化学式を両辺に書き，矢印で結ぶ。溶媒の水や触
　　　媒など反応の前後で変化のない物質は反応式には書かない。
　　　【ここまでの途中式】　$H_2$ + $O_2$ ⟶ $H_2O$

　② 　両辺の各元素の原子の数が等しくなるように，係数を決める。ただし，
　　　係数 1 は省略する。
　　　【完成式】　$2H_2$ + $O_2$ ⟶ $2H_2O$

> **これだけ！** イオンを含む化学反応式は電荷の総和も等しい

● **イオンを含む化学反応式**：イオンを含む化学反応式をイオン反応式ともいう。

イオンを含む化学反応式の両辺は，原子の種類や数だけでなく，電荷の合計も等しい。

(例) $AgCl + 2NH_3 \longrightarrow [Ag(NH_3)_2]^+ + Cl^-$
　　左辺の電荷は 0 であり，右辺の電荷の合計も +1 と −1 より合計が 0 なので，両辺の電荷の合計が等しい。

・イオンからできる物質で，水溶液中で電離しないもの（固体になり沈殿するもの）

(例) $Ag^+ + Cl^- \longrightarrow AgCl$
　　（沈殿する場合 AgCl↓のように書くこともある。）

・気体が発生する場合

(例) $CO_3{}^{2-} + 2H^+ \longrightarrow H_2O + CO_2$
　　（気体が発生する場合 CO₂↑のように書くこともある。）

● **化学反応式とイオンを含む化学反応式の作り方**

(例) 硝酸銀 $AgNO_3$ 水溶液と塩化ナトリウム NaCl 水溶液の反応

反応しないイオンも含めて化合物で表記した場合は「化学反応式」という。

　　化学反応式：$AgNO_3 + NaCl \longrightarrow AgCl + NaNO_3$

$AgNO_3$, NaCl, $NaNO_3$ は水溶液中で電離してイオンになっている。

$$\underbrace{Ag^+ + NO_3{}^-}_{AgNO_3} + \underbrace{Na^+ + Cl^-}_{NaCl} \longrightarrow AgCl + \underbrace{Na^+ + NO_3{}^-}_{NaNO_3}$$

$Na^+$, $NO_3{}^-$ は反応の前後で変化しないので消去する。

このように，反応しないイオンを表記しない場合は「イオンを含む化学反応式」という。

　　イオンを含む化学反応式：$Ag^+ + Cl^- \longrightarrow AgCl$

**これだけ！** 化学反応の係数の比＝物質量の比

● **化学反応式が表すもの**：化学反応式は，物質の化学反応のようすだけでなく，**物質量，粒子の数，同温同圧のもとでの気体の体積**の量的関係も表す。

**化学反応の係数比＝物質量の比**

**＝粒子の数の比**

**＝気体の体積の比**

| 化学反応式 | $2NaHCO_3$ 炭素水素ナトリウム | $\longrightarrow$ | $Na_2CO_3$ 炭酸ナトリウム | ＋ | $H_2O$ 水 | ＋ | $CO_2$ 二酸化炭素 |
|---|---|---|---|---|---|---|---|
| 係数 | 2 | | 1 | | 1 | | 1 |
| 物質量 | 2 mol | | 1 mol | | 1 mol | | 1 mol |
| 粒子の数 | $2 \times 6.0 \times 10^{23}$ 個 | | $1 \times 6.0 \times 10^{23}$ 個 | | $1 \times 6.0 \times 10^{23}$ 個 | | $1 \times 6.0 \times 10^{23}$ 個 |
| 質量※注 | 168 g | | 106 g | | 18 g | | 44 g |

※注　質量の比は化学反応式の係数の比とは一致しない。

↑ 炭酸水素ナトリウムを加熱した反応における量的関係

**よく出る！** 化学反応式を用いた計算問題の解き方

① 化学反応式を書く。

② 係数の比を用いて，物質量を求める。

③ 物質量から，

・モル質量を使って，質量を求める。

・標準状態の気体ではモル質量(22.4 L/mol)を使って，体積を求める。

# EXERCISE

ANSWER

☑ **01** 一酸化炭素 CO と酸素 $O_2$ を混合し，点火して完全
★★★ に燃焼させた。この反応の化学反応式は，

$$2CO + O_2 \longrightarrow \boxed{\phantom{2}} CO_2$$

**2**

---

☑ **02** ニクロム酸イオンとヨウ化物イオンの反応は，次の
★☆☆ 式で表される。

$$Cr_2O_7{}^{2-} + 14H^+ + 6I^-$$
$$\longrightarrow 2Cr^{3+} + 7H_2O + \boxed{\phantom{2}} I_2$$

**3**

---

☑ **03** 次の化学反応式を完成させたとき，$x+y+z=\boxed{\phantom{2}}$
★☆☆ となる。

$$xCO_2 + yH_2O \longrightarrow C_6H_{12}O_6 + zO_2$$

**18**

---

☑ **04** メタン $CH_4$ を完全燃焼させると，二酸化炭素と水が生じる。この反応に
★★★ ついて次の問いに答えなさい。

ただし，原子量は H=1.0，C=12，O=16 とする。

① この反応の化学反応式を答えなさい。

② 3.2 g のメタンが完全燃焼するとき，何 g の水が生じるか。また，こ
のとき生じる二酸化炭素は，標準状態で何 L か。

····································

**ANSWER** ① $CH_4 + 2O_2 \longrightarrow CO_2 + 2H_2O$ ② 水…7.2 g 二酸化炭素…4.48 L

**解説** ② メタンのモル質量は $12+1\times4=16$〔g/mol〕である。このときのメタ
ンの物質量は $3.2\div16=0.20$〔mol〕である。

次に，反応式の係数の比より，メタン 1 mol から生じる水が 2 mol であ
ることがわかるので，0.20 mol のメタンからは $2\times0.20=0.40$〔mol〕の
水が生じる。水のモル質量が 18 g/mol なので，水の質量は，$0.40\times18$
$=7.2$〔g〕である。

同様に，0.20 mol のメタンから生じる二酸化炭素は 0.20 mol であり，
標準状態のモル質量が 22.4 L/mol だから，これは $0.20\times22.4=4.48$〔L〕
に相当する。

PART 2

物質の変化

# 酸と塩基の定義

## 1 酸と塩基の性質

**これだけ！** 酸性を示す物質が酸，塩基性を示す物質が塩基

- **酸性**：酸っぱい味（酸味）がしたり，青色リトマス紙を赤色に変えたり，亜鉛 Zn やマグネシウム Mg などの金属と反応して水素 $H_2$ を発生させたりする性質のこと。

- **酸**：酸性を示す物質。
  (例) 塩化水素 HCl，硫酸 $H_2SO_4$，酢酸 $CH_3COOH$ などの水溶液

- **塩基性**：苦い味がしたり，赤色リトマス紙を青色に変えたり，酸と反応して酸性を打ち消したりする性質のこと。

- **塩基**：塩基性を示す物質。
  (例) 水酸化ナトリウム NaOH，水酸化カルシウム $Ca(OH)_2$，アンモニア $NH_3$ などの水溶液

| 酸 | 化学式 |
|---|---|
| 塩化水素 | HCl |
| 硝酸 | $HNO_3$ |
| 硫酸 | $H_2SO_4$ |
| 酢酸 | $CH_3COOH$ |

| 塩基 | 化学式 |
|---|---|
| 水酸化ナトリウム | NaOH |
| 水酸化カルシウム | $Ca(OH)_2$ |
| 水酸化カリウム | KOH |
| アンモニア | $NH_3$ |

↑ 主な酸と塩基

**アレニウスの定義**

 アレニウスの定義は $H^+$ と $OH^-$ に注目

● **アレニウスの酸・塩基の定義**：アレニウスは，酸と塩基を「酸とは，水に溶けると**水素イオン $H^+$** を生じる物質であり，塩基とは水に溶けると**水酸化物イオン $OH^-$** を生じる物質である。」と定義した。

● **酸と水素イオン**：塩化水素や酢酸などの酸は水に溶けると電離して水素イオン $H^+$ が生じる。

$$HCl \longrightarrow H^+ + Cl^-$$
$$CH_3COOH \rightleftarrows H^+ + CH_3COO^-$$

↑ アレニウスによる酸の定義

注意！ 生じた水素イオン $H^+$ は，水溶液中では水 $H_2O$ と配位結合してオキソニウムイオン $H_3O^+$ となるが，$H^+$ とすることが多い。

● **塩基と水酸化物イオン**：水酸化ナトリウムや水酸化カルシウムなどの塩基は水に溶けると電離して水酸化物イオン $OH^-$ が生じる。

$$NaOH \longrightarrow Na^+ + OH^-$$
$$Ca(OH)_2 \longrightarrow Ca^{2+} + 2OH^-$$

↑ アレニウスによる塩基の定義

物質の変化

これだけ！ 👌 ✐ **ブレンステッド・ローリーの定義は H⁺ の授受に注目**

● **ブレンステッド・ローリーの酸・塩基の定義**：ブレンステッド
とローリーは，酸と塩基を「酸とは**水素イオン H⁺ を与える**物質であり，
塩基とは**水素イオン H⁺ を受け取る**物質である。」と定義した。

$$\overset{\overbrace{\qquad}^{H^+}\downarrow}{\underset{\text{酸}}{HCl} + \underset{\text{塩基}}{H_2O}} \longrightarrow Cl^- + H_3O^+$$

⬆ 塩化水素の水への溶解

$$\overset{\downarrow\underbrace{\qquad}_{H^+}}{\underset{\text{塩基}}{NH_3} + \underset{\text{酸}}{H_2O}} \rightleftharpoons NH_4^+ + OH^-$$

⬆ アンモニアの水への溶解

注意！ アレニウスの定義では，$NH_3$ は分子中に $OH^-$ がないので，塩基性を示すことが
説明できず，その変化も水溶液中での変化に限定される。一方でブレンステッド・
ローリーの定義は，水溶液中という制限はなく，$H^+$ の授受で酸と塩基を定義し
た。これにより，$NH_3$ の塩基性も無理なく説明できるようになった。

# EXERCISE

ANSWER

☑ **01** 食酢やリンゴ，レモンの果汁は，青色のリトマス紙
★★★ を赤色に変える。このような性質を ☐ という。

酸性

☑ **02** $CH_3COOH$，$HNO_3$，$NaOH$，$H_2SO_4$ のうち，その水
★★☆ 溶液を赤色リトマス紙に一滴たらすと，リトマス紙
を青く変色させるものは ☐ である。

NaOH

☑ **03** アレニウスは，「酸とは，水溶液中で ☐ イオン
★★★ を生じる物質であり，塩基とは水溶液中で水酸化物
イオンを生じる物質である」と定義した。

水素

☑ **04** ブレンステッド・ローリーは，アレニウスによる酸・
★★★ 塩基の定義を拡張し，「酸とは $H^+$ を相手に与える分
子・イオンであり，塩基とは，$H^+$ を ☐ 分子・
イオンである」と定義した。

受け取る

☑ **05** 次の反応式の下線部の物質は，酸・塩基のどちらであるか答えなさい。
★★★
(1) $CH_3COOH + \underline{H_2O} \longrightarrow CH_3COO^- + H_3O^+$
(2) $NH_3 + \underline{H_2O} \longrightarrow NH_4^+ + OH^-$
(3) $\underline{CO_3^{2-}} + H_2O \longrightarrow HCO_3^- + OH^-$
(4) $\underline{HSO_4^-} + H_2O \longrightarrow SO_4^{2-} + H_3O^+$

ANSWER (1) **塩基** (2) **酸** (3) **塩基** (4) **酸**

解説 (1) $H_2O$ は，$H^+$ を受け取って $H_3O^+$ になっているので，塩基である。
(2) $H_2O$ は，$H^+$ を与えて $OH^-$ になっているので酸である。
(3) $CO_3^{2-}$ は，$H^+$ を受け取って $HCO_3^-$ になっているので塩基である。
(4) $HSO_4^-$ は，$H^+$ を与えて $SO_4^{2-}$ になっているので酸である。

PART 2

物質の変化

# SECTION 27

# 酸と塩基の価数と強弱

## 1　酸と塩基の価数

これだけ！👉 酸・塩基は価数により分類できる

● **酸の価数**：酸の化学式において電離して水素イオン $H^+$ になることのできる $H$ の数。

(例) 塩化水素 HCl は 1 価の酸，$H_2SO_4$ は 2 価の酸

● **塩基の価数**：塩基の化学式において電離して水酸化物イオン $OH^-$ になることのできる $OH$ の数，あるいは受け取ることのできる $H^+$ の数。

(例) 水酸化ナトリウム NaOH は 1 価の塩基，$NH_3$ は 1 価の塩基，$Ca(OH)_2$ は 2 価の塩基

| 価数 | 酸 | 塩基 |
|------|-----|------|
| 1 価 | 塩化水素 HCl<br>硝酸 $HNO_3$<br>酢酸 $CH_3COOH$ | 水酸化ナトリウム NaOH<br>水酸化カリウム KOH<br>アンモニア $NH_3$ |
| 2 価 | 硫酸 $H_2SO_4$<br>シュウ酸 $(COOH)_2$ | 水酸化カルシウム $Ca(OH)_2$<br>水酸化バリウム $Ba(OH)_2$ |
| 3 価 | リン酸 $H_3PO_4$ | 水酸化アルミニウム $Al(OH)_3$ |

↑ 酸と塩基の価数

## 2　電離と電離度

これだけ！👉 酸（塩基）が水溶液中で電離する割合を電離度という

● **電離度**：酸や塩基が水溶液中で電離する割合のこと。記号 $\alpha$ で表される。

電離度u(0 < u ≦ 1) は，次の式で求められる。

$$電離度(\alpha) = \frac{電離した酸(塩基)の物質量}{溶けた酸(塩基)の物質量} = \frac{電離した酸(塩基)のモル濃度}{溶けた酸(塩基)のモル濃度}$$

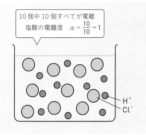

10個中10個すべてが電離
塩酸の電離度　$\alpha = \frac{10}{10} = 1$

H⁺
Cl⁻

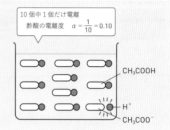

10個中1個だけ電離
酢酸の電離度　$\alpha = \frac{1}{10} = 0.10$

CH₃COOH

H⁺
CH₃COO⁻

↑ 塩酸と酢酸の電離 (25 ℃, 0.003 mol/L)

## 3　酸と塩基の強弱

これだけ！ ：酸と塩基の強弱は電離度の大小で決まる

● 強酸：**電離度がほぼ1で**，水溶液中でほぼ完全に電離する酸。

● 強塩基：**電離度がほぼ1で**，水溶液中でほぼ完全に電離する塩基。

● 弱酸：**電離度が1より小さく**，水溶液中でほとんど電離しない酸。

● 弱塩基：**電離度が1より小さく**，水溶液中でほとんど電離しない塩基。

注意！
酸・塩基の強弱は，電離度の大小によって決まるものであり，価数の大小とは関係ない。

| 強酸 | 塩化水素 HCl<br>硝酸 HNO$_3$<br>硫酸 H$_2$SO$_4$ | 強塩基 | 水酸化ナトリウム NaOH<br>水酸化カリウム KOH<br>水酸化カルシウム Ca(OH)$_2$<br>水酸化バリウム Ba(OH)$_2$ |
|---|---|---|---|
| 弱酸 | 酢酸 CH$_3$COOH<br>シュウ酸 (COOH)$_2$ | 弱塩基 | アンモニア NH$_3$<br>水酸化アルミニウム Al(OH)$_3$ |

↑ 主な酸・塩基の強弱

● **酸から生じる H$^+$ のモル濃度**：酸から生じる H$^+$ のモル濃度は，次の式で求められる。

$$(\text{H}^+ のモル濃度) = (酸のモル濃度) \times (価数) \times (電離度)$$

㊀ 1.0 mol/L，価数 1，電離度 1 の塩酸から生じる水素イオンのモル濃度は，
$$1.0 (\text{mol/L}) \times 1 \times 1 = 1.0 (\text{mol/L})$$

● **塩基から生じる OH$^-$ のモル濃度**：塩基から生じる OH$^-$ のモル濃度は，次の式で求められる。

$$(\text{OH}^- のモル濃度) = (塩基のモル濃度) \times (価数) \times (電離度)$$

㊀ 2.0 mol/L，価数 2，電離度 1 の水酸化カルシウム Ca(OH)$_2$ から生じる水酸化物イオンのモル濃度は，
$$2.0 (\text{mol/L}) \times 2 \times 1 = 4.0 (\text{mol/L})$$

## 一問一答演習

# EXERCISE

ANSWER

☑ 01 水溶液中で，溶質のほとんどが電離している酸を強
★★★ 酸といい，その電離度はほぼ ___ である。

1

☑ 02 水溶液中で，ほとんど電離していない酸を ___
★★★ という。

弱酸

☑ 03 塩化水素，シュウ酸，酢酸，アンモニア，リン酸，
★★☆ 硝酸のうち，2価の酸は ___ である。

シュウ酸

☑ 04 次の各問いに答えなさい。
★★★
(1) 0.10 mol/L の塩酸から生じる水素イオンのモル濃度は何 mol/L か。
(2) 0.10 mol/L の酢酸から生じる水素イオンのモル濃度は何 mol/L か。
　　ただし，酢酸の電離度は 0.010 とする。
(3) 0.25 mol/L の水酸化バリウム水溶液から生じる水酸化物イオンのモ
　　ル濃度は何 mol/L か。

ANSWER (1) 0.10 mol/L　(2) $1.0 \times 10^{-3}$ mol/L　(3) 0.50 mol/L

解説 (1) $HCl \longrightarrow H^+ + Cl^-$
　　　塩化水素は1価の強酸なので，水素イオン濃度は 0.10 mol/L である。

(2) $CH_3COOH \rightleftharpoons CH_3COO^- + H^+$
　　酢酸は1価の弱酸なので，「(H⁺のモル濃度) = (酸のモル濃度) × (価数)
　　× (電離度)」より，

$$（H^+のモル濃度）= 0.10 \times 1 \times 0.010$$
$$= 1.0 \times 10^{-3}〔mol/L〕$$

(3) $Ba(OH)_2 \longrightarrow Ba^{2+} + 2OH^-$
　　水酸化バリウムは2価の強酸なので，「(OH⁻のモル濃度) = (塩基のモ
　　ル濃度) × (価数) × (電離度)」より，

$$（OH^-のモル濃度）= 0.25 \times 2 \times 1$$
$$= 0.50〔mol/L〕$$

PART 2

物質の変化

# 28

# 水素イオン濃度・pH

## 1　水の電離

**これだけ!** 純水は液中でわずかに電離している

● **水素イオン濃度〔mol/L〕**：水溶液中の水素イオンのモル濃度。$[H^+]$ で表す。

● **水酸化物イオン濃度〔mol/L〕**：水溶液中の水酸化物イオンのモル濃度。$[OH^-]$ で表す。

● **水の電離**：純水は，液中でわずかに電離しており，$[H^+]$ と $[OH^-]$ は等しい。25 ℃では，$[H^+] = [OH^-] = 1.0 \times 10^{-7}$ mol/L である。

$$H_2O \rightleftarrows H^+ + OH^-$$

↑ 水の電離の仕方

● **水素イオン濃度と水溶液の性質**：25 ℃の水溶液においては，次の関係が成り立つ。

> **酸性**　：$[H^+] > 1.0 \times 10^{-7}$ mol/L $> [OH^-]$
> **中性**　：$[H^+] = 1.0 \times 10^{-7}$ mol/L $= [OH^-]$
> **塩基性**：$[H^+] < 1.0 \times 10^{-7}$ mol/L $< [OH^-]$

↑ 水素イオン濃度と水溶液の性質 (25 ℃)

## 2 水素イオン濃度の求め方

：水素イオン濃度 $[H^+] = c\,\alpha\,(mol/L)$

- **水素イオン濃度の求め方**：1価の酸の水溶液中の水素イオン濃度 $[H^+]$ は，酸のモル濃度 $c\,(mol/L)$ に電離度 $\alpha$ をかけることで求められる。

  (例) 25℃において，モル濃度 0.010 mol/L，電離度 0.030 の酢酸水溶液の $[H^+]$ を考える。
  $0.010\,(mol/L) \times 0.030 = 3.0 \times 10^{-4}\,(mol/L)$

- **水酸化物イオン濃度の求め方**：1価の塩基の水溶液中の水酸化物イオン濃度 $[OH^-]$ は，塩基のモル濃度 $c'\,(mol/L)$ に電離度 $\alpha'$ をかけることで求められる。

  (例) 25℃において，モル濃度 0.050 mol/L，電離度 0.020 のアンモニア水の $[OH^-]$ を考える。
  $0.050\,(mol/L) \times 0.020 = 1.0 \times 10^{-3}\,(mol/L)$

$$[H^+] = c\alpha\,(mol/L)$$
$$[OH^-] = c'\alpha'\,(mol/L)$$

↑ 水素イオン濃度と水酸化物イオン濃度の求め方

## 3 pH（水素イオン指数）

：$[H^+] = 10^{-n}\,mol/L$ のとき，pH $= n$

- **pH（水素イオン指数）**：水溶液の酸性や塩基性の強弱を表す値。0 ～ 14 の値で表され，pH7 が中性，7 より小さくなるほど酸性が強く，7 よりも大きくなるほど塩基性が強くなる。

**酸性：pH < 7**　　**中性：pH = 7**　　**塩基性：pH > 7**

↑ pH と液性

PART 2

物質の変化

● **pH と ［H⁺］ の関係**：水溶液中の水素イオン濃度 ［H⁺］ が $1.0 \times 10^{-n}$ mol/L のとき，pHは$n$である。［H⁺］ が10倍大きくなるとpHは1小さくなる。

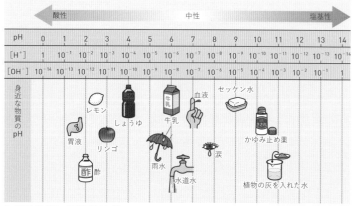

↑ 身近な物質の pH（25℃のとき）

● **水溶液の希釈と pH**：強酸の水溶液を水で薄めて ［H⁺］ を $\frac{1}{10}$ にすると，pH は 1 大きくなる。また，強塩基の水溶液を水で薄めて ［OH⁻］ を $\frac{1}{10}$ にすると pH は 1 小さくなる。

注意！ 酸性の水溶液をいくら薄めても中性に近づくだけで，pH が 7 よりも大きくなることはない。同様に塩基性の水溶液をいくら薄めても中性に近づくだけで，pH が 7 よりも小さくなることはない。

● **pH 指示薬**：水溶液の pH によって色が変わる物質。指示薬の色が変わる pH の範囲を変色域という。pH の変化を確認するときに用いる。

例 メチルオレンジ（MO）：変色域は pH3.1 ～ 4.4
　　ブロモチモールブルー（BTB）：変色域は pH6.0 ～ 7.6
　　フェノールフタレイン（PP）：変色域は pH8.0 ～ 9.8

# EXERCISE

| | | ANSWER |
|---|---|---|
| ☑ 01 ★★★ | 純水は［わずかに　完全に］電離し，水素イオンと水酸化物イオンを生じている。 | わずかに |
| ☑ 02 ★★☆ | 純粋な水は，水素イオンと ___ イオンが電離して，両者の濃度がつり合った状態である。 | 水酸化物 |
| ☑ 03 ★★★ | $1.0 \times 10^{-5}$ mol/L の塩酸を 100 倍に希釈した溶液は，［酸性　中性　塩基性］を示す。 | 酸性 |
| ☑ 04 ★★☆ | 酸・塩基の水溶液において，酸性や塩基性の強弱を表すとき，$[H^+]$, $[OH^-]$ の代わりに ___ がよく使用される。 | pH |
| ☑ 05 ★★★ | 25℃において，純水の pH は ___ である。 | 7 |
| ☑ 06 ★★★ | pH の値が大きいほど，酸性が［強い　弱い］。 | 弱い |
| ☑ 07 ★★★ | pH は，次のように定義される。$[H^+] = 1.0 \times 10^{-X}$(mol/L) のとき，pH = ___ 。 | $X$ |
| ☑ 08 ★★★ | 純水は，その温度にかかわらず［酸性　中性　塩基性］を表す。 | 中性 |
| ☑ 09 ★★★ | 水の電離を表す式は，$H_2O \rightleftharpoons H^+ + $ ___ である。 | $OH^-$ |

PART 2

物質の変化

# 中和反応

## 1　中和反応

これだけ！  中和とは酸と塩基が，互いの性質を打ち消し合うこと

- **中和**：酸と塩基が反応して，互いの性質を打ち消し合うこと。

- **中和反応**：酸と塩基が反応して，互いの性質が打ち消し合う反応。多くの中和反応では水と塩が生じる。

  例 塩酸 HCl と水酸化ナトリウム NaOH の中和反応

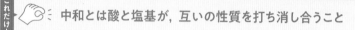

$$HCl + NaOH \longrightarrow NaCl + H_2O$$

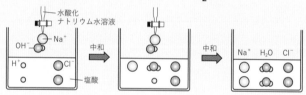

↑ 塩酸と水酸化ナトリウム水溶液の中和反応

注意！ 水を生じない中和反応
アンモニア $NH_3$ と塩酸 HCl を混ぜると塩化アンモニウム $NH_4Cl$ が生じる。この反応では水は生じないが，中和反応である。このように塩基に $OH^-$ を含まない場合には，中和しても水を生じないことがある。

$$NH_3 + HCl \longrightarrow NH_4Cl$$

**塩の分類**

**これだけ!** 塩は正塩・酸性塩・塩基性塩に分類できる

- **塩**：中和反応のときに，酸の陰イオンと塩基の陽イオンによって生じるイオン結合の物質。塩はその組成によって分類される。

- **正塩**：酸由来の H も塩基由来の OH も含まない塩。
  例 塩化ナトリウム NaCl，硫酸カルシウム $CaSO_4$

- **酸性塩**：酸由来の H が残っている塩。
  例 炭酸水素ナトリウム $NaHCO_3$，硫酸水素ナトリウム $NaHSO_4$

- **塩基性塩**：塩基由来の OH が残っている塩。
  例 塩化水酸化マグネシウム MgCl(**OH**)，塩化水酸化カルシウム CaCl(**OH**)
  塩基性塩は，化学式は陰イオンをアルファベットの順に書き，名称は陽イオンに近い陰イオンから順に読む。

| 塩の種類 | 例 | |
|---|---|---|
| 正塩 | NaCl 塩化ナトリウム<br>$CaCO_3$ 炭酸カルシウム | $KNO_3$ 硝酸カリウム<br>$CH_3COONa$ 酢酸ナトリウム |
| 酸性塩 | $NaHSO_4$ 硫酸水素ナトリウム<br>$K_2HPO_4$ リン酸一水素二カリウム | $NaHCO_3$ 炭酸水素ナトリウム<br>$KH_2PO_4$ リン酸二水素カリウム |
| 塩基性塩 | MgCl(OH)塩化水酸化マグネシウム | CuCl(OH)塩化水酸化銅(Ⅱ) |

⬆ 塩の種類と例

PART 2

物質の変化

# EXERCISE

| | | **ANSWER** |
|---|---|---|

☑ **01**
★★★
酸の $H^+$ と塩基の $OH^-$ が反応して水 $H_2O$ となり，酸と塩基の性質を互いに打ち消し合う反応のことを ☐ という。

**中和反応**

☑ **02**
★★★
中和反応では酸の $H^+$ と塩基の $OH^-$ が反応した水と，☐ が生じる。

**塩**

☑ **03**
★★☆
塩酸 $HCl$ に水酸化ナトリウム $NaOH$ を加えると，中和し，塩として ☐ が生じる。

**NaCl**
**（塩化ナトリウム）**

☑ **04**
★★☆
アンモニア $NH_3$ と塩酸 $HCl$ を混ぜると，[水と塩化アンモニウムが生じる　塩化アンモニウムだけ生じる]

**塩化アンモニウム**
**だけ生じる**

☑ **05**
★★★
酸の $H$ も塩基の $OH$ も残っていない塩を，☐ という。

**正塩**

☑ **06**
★★★
次の酸と塩基が完全に中和するときの化学反応式を書きなさい。
① $CH_3COOH$ と $NaOH$
② $HCl$ と $Ca(OH)_2$

**ANSWER** ① $CH_3COOH + NaOH \longrightarrow CH_3COONa + H_2O$
② $2HCl + Ca(OH)_2 \longrightarrow CaCl_2 + 2H_2O$

**解説** $H^+$ と $OH^-$ は 1 : 1 で反応することをおさえる。
① 酢酸の $H^+$ と水酸化ナトリウムの $OH^-$ は 1 : 1 で含まれるので，酢酸 1 つと水酸化ナトリウム 1 つが反応する。よって，左辺は $CH_3COOH + NaOH$，右辺は $CH_3COONa + H_2O$ となる。
② 塩酸の $H^+$ と水酸化カルシウムの $OH^-$ は 1 : 2 の割合で含まれるので，塩酸 2 つと水酸化カルシウム 1 つが反応する。よって，左辺は $2HCl + Ca(OH)_2$，右辺は $CaCl_2 + 2H_2O$ となる。

☑ **07** 次の酸と塩基が完全に中和するときの化学反応式を書きなさい。
★★★
① 塩酸と水酸化バリウム
② リン酸と水酸化カリウム

**ANSWER** ① $2HCl + Ba(OH)_2 \longrightarrow BaCl_2 + 2H_2O$

② $H_3PO_4 + 3KOH \longrightarrow K_3PO_4 + 3H_2O$

**解説** ① 塩酸の $H^+$ と水酸化バリウムの $OH^-$ は 1：2 で含まれるので，塩酸 2 つと水酸化バリウム 1 つが反応する。よって，左辺は $2HCl + Ba(OH)_2$，右辺は $BaCl_2 + 2H_2O$ となる。

② リン酸の $H^+$ と水酸化カリウムの $OH^-$ は 3：1 の割合で含まれるので，リン酸 1 つと水酸化カリウム 3 つが反応する。よって，左辺は $H_3PO_4 + 3KOH$，右辺は $K_3PO_4 + 3H_2O$ となる。

☑ **08** 次の中和反応の化学反応式を書きなさい。
★★★
硫酸 $H_2SO_4$ と水酸化ナトリウム $NaOH$

**ANSWER** $H_2SO_4 + 2NaOH \longrightarrow Na_2SO_4 + 2H_2O$

**解説** 硫酸の $H^+$ と水酸化ナトリウムの $OH^-$ は 2：1 で含まれるので，硫酸 1 つと水酸化ナトリウム 2 つが反応する。よって，左辺は $H_2SO_4 + 2NaOH$，右辺は $Na_2SO_4 + 2H_2O$ となる。

PART 2

物質の変化

# SECTION 30

# 塩と塩の遊離反応

## 1 塩の水溶液の液性

**これだけ！** 正塩の液性はもととなる酸・塩基の強弱で決まる

● **正塩の水溶液と液性**：**正塩の液性は，塩ができるもとになる酸と塩基
の強弱で決まる。** 弱酸と弱塩基からできる塩の液性は，塩の種類によっ
て異なる。もとの酸ともとの塩基の強弱が異なる正塩の水溶液は，もと
の酸と塩基で強弱の強い方の性質になると覚えると良い。

| 正塩の種類 | 水溶液の性質 | 正塩の例 | もとの酸 | もとの塩基 |
|---|---|---|---|---|
| 強酸と**強塩基**<br>からなる正塩 | 中性 | NaCl | HCl | **NaOH** |
| | | KCl | HCl | **KOH** |
| 強酸と弱塩基<br>からなる正塩 | 酸性 | $NH_4Cl$ | HCl | $NH_3$ |
| | | $CuSO_4$ | $H_2SO_4$ | $Cu(OH)_2$ |
| 弱酸と**強塩基**<br>からなる正塩 | 塩基性 | $CH_3COONa$ | $CH_3COOH$ | **NaOH** |
| | | $Na_2CO_3$ | $H_2CO_3$ | **NaOH** |

⬆ 正塩の水溶液の性質

● **塩をつくるもとの酸・塩基の調べ方**：塩をつくる陰イオンに $H^+$，
陽イオンに $OH^-$ を加えると，もとの酸・塩基の強弱がわかる。

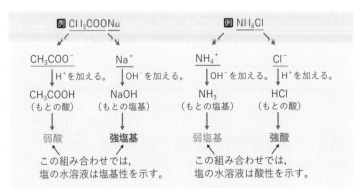

例 CH₃COONa

CH₃COO⁻ ── ↓H⁺を加える。
CH₃COOH
(もとの酸)
↓
弱酸

Na⁺ ── ↓OH⁻を加える。
NaOH
(もとの塩基)
↓
**強塩基**

この組み合わせでは,
塩の水溶液は塩基性を示す。

例 NH₄Cl

NH₄⁺ ── ↓OH⁻を加える。
NH₃
(もとの塩基)
↓
弱塩基

Cl⁻ ── ↓H⁺を加える。
HCl
(もとの酸)
↓
**強酸**

この組み合わせでは,
塩の水溶液は酸性を示す。

↑ 塩をつくるもとの酸・塩基の調べ方

## 2  弱酸・弱塩基の遊離

 これだけ！

弱酸の塩に強酸を加えると,弱酸が遊離する
弱塩基の塩に強塩基を加えると,弱塩基が遊離する

● **弱酸の遊離**：**弱酸の塩に強酸を加えると弱酸が遊離する反応。**

例 酢酸ナトリウム CH₃COONa(弱酸の塩)の水溶液に塩酸 HCl(強酸)を加えると,酢酸 CH₃COOH(弱酸)が生じる。

$$CH_3COONa + HCl → NaCl + CH_3COOH$$

弱酸の塩 + 強酸 → 強酸の塩 + 弱酸

↑ 弱酸の遊離

● **弱塩基の遊離**：**弱塩基の塩に強塩基を加えると弱塩基が遊離する反応。**

例 塩化アンモニウム NH₄Cl(弱塩基の塩)の水溶液に水酸化ナトリウム NaOH(強塩基)を加えると,アンモニア NH₃(弱塩基)が生じる。

$$NH_4Cl + NaOH → NaCl + H_2O + NH_3$$

弱塩基の塩 + 強塩基 → 強塩基の塩 + 弱塩基

↑ 弱塩基の遊離

- **遊離反応の例**：気体を発生させる反応に遊離反応の例が多い。

$$Na_2CO_3 + 2HCl \longrightarrow 2NaCl + H_2O + CO_2$$
　弱酸の塩　　強酸　　　強酸の塩　　　　　弱酸の気体

・$NaHCO_3 + HCl \longrightarrow NaCl + H_2O + SO_2$
　弱酸の塩　　強酸　　　強酸の塩　　　弱酸の気体

また，次の反応のように強酸や強塩基の種類が違っても同様の反応が起こる。

・$FeS + H_2SO_4 \longrightarrow FeSO_4 + H_2S$
　弱酸の塩　強酸　　　　強酸の塩　　弱酸の気体

・$FeS + 2HCl \longrightarrow FeCl_2 + H_2S$
　弱酸の塩　強酸　　　　強酸の塩　　弱酸の気体

・$2NH_4Cl + Ca(OH)_2 \longrightarrow CaCl_2 + 2H_2O + 2NH_3$
　弱塩基の塩　　強塩基　　　　強塩基の塩　　　　　　弱塩基の気体

・$NH_4Cl + NaOH \longrightarrow NaCl + H_2O + NH_3$
　弱塩基の塩　強塩基　　　強塩基の塩　　　弱塩基の気体

- **揮発性の酸の遊離**：揮発性の酸の塩に，不揮発性の酸を加えると，揮発性の酸が遊離し，不揮発性の酸の塩が生じる反応。

(例) 塩化ナトリウム NaCl（揮発性の酸の塩）に硫酸 $H_2SO_4$（不揮発性の酸）を加えると，塩化水素 HCl（揮発性の酸）が生じる。

$$NaCl + H_2SO_4 \rightarrow NaHSO_4 + HCl\uparrow$$
揮発性の酸の塩　　不揮発性の酸　　　不揮発性の酸の塩　　揮発性の酸の塩

↑ 揮発性の酸の遊離

# EXERCISE

ANSWER

☑ 01 ★★★
酸に塩基を加えると，中和して□□□□と水が生成する。

**塩**

☑ 02 ★★★
強酸と弱塩基からなる塩を水に溶かすと，水溶液は［酸性 塩基性 中性］になる。

**酸性**

☑ 03 ★★★
塩化アンモニウムは［酸性塩 塩基性塩 正塩］であり，その水溶液は酸性を示す。

**正塩**

☑ 04 ★★★
炭酸水素ナトリウムは酸性塩であり，その水溶液は［酸性 塩基性 中性］を示す。

**塩基性**

☑ 05 ★★★
塩化カルシウム，酢酸ナトリウム，硝酸ナトリウム，炭酸ナトリウム，硫酸水素ナトリウムのうち，その水溶液が酸性を示すものは，□□□□である。

**硫酸水素ナトリウム**

☑ 06 ★★★
次の塩の水溶液の液性を答えなさい。
① $KNO_3$ ② $Na_2CO_3$ ③ $(NH_4)_2SO_4$ ④ $CH_3COONa$

ANSWER ① **中性** ② **塩基性** ③ **酸性** ④ **塩基性**

解説 ① もとの酸が $HNO_3$ で，もとの塩基が $KOH$ であり，強酸と強塩基からできる塩なので，水溶液は中性である。
② もとの酸が $H_2CO_3$ で，もとの塩基が $NaOH$ であり，弱酸と強塩基からできる塩なので，水溶液は塩基性である。
③ もとの酸が $H_2SO_4$ で，もとの塩基が $NH_3$ であり，強酸と弱塩基からできる塩なので，水溶液は酸性である。
④ もとの酸が $CH_3COOH$ で，もとの塩基が $NaOH$ であり，弱酸と強塩基からできる塩なので，水溶液は塩基性である。

PART 2

物質の変化

# 31

# 中和の量的関係

## 1 中和の量的関係

**これだけ！** 🤚 中和するとき，酸と塩基は過不足なく反応する

- **酸と塩基の量的関係**：酸から生じる $H^+$ の物質量と塩基から生じる $OH^-$ の物質量は等しいとき，酸と塩基は過不足なく中和する。

> **酸から生じる $H^+$ の物質量 ＝ 塩基から生じる $OH^-$ の物質量**

↑ 酸と塩基の中和の量的関係

- **中和反応の量的関係**：中和するとき，「酸から生じる $H^+$ の物質量＝塩基から生じる $OH^-$ の物質量」の関係が成り立つので，濃度 $c$〔mol/L〕，体積 $V$〔L〕の $a$ 価の酸を，濃度 $c'$〔mol/L〕，体積 $V'$〔L〕の $b$ 価の塩基でちょうど中和するときには次の式が成り立つ。

> **酸の価数×酸の物質量　＝　塩基の価数　×　塩基の物質量**
> $$\underbrace{a \times c \times V}_{\text{酸から生じる } H^+ \text{の物質量}} = \underbrace{b \times c' \times V'}_{\text{塩基から生じる } OH^- \text{の物質量}}$$

↑ 中和の関係式

（例）濃度 $c$〔mol/L〕，1 価の酸である HCl 10 mL が濃度 0.050 mol/L，1 価の塩基である NaOH 4.0 mL と中和したとする。

「酸から生じる $H^+$ の物質量＝塩基から生じる $OH^-$ の物質量」より，

$$c\text{〔mol/L〕} \times 1 \times \frac{10}{1000}\text{〔L〕} = 0.050 \text{ mol/L} \times 1 \times \frac{4.0}{1000}\text{〔L〕}$$

$c = 2.0 \times 10^{-2}$ mol/L と求まる。

酸, 塩基の強弱は中和反応に無関係である

● 弱酸や弱塩基と中和の量的関係:**過不足なく中和すると酸と塩基の物質量は, 酸や塩基の強弱(電離度の大小)に関係しない。**

 注意!

酢酸のような電離度が小さい弱酸の水溶液では, 中和する前の水溶液中にはわずかな $H^+$ しかないが, 塩基を加え, 中和反応によって $H^+$ が消費されると, 新たに酢酸の電離が起こり $H^+$ が生じる。つまり, 最終的に 1 mol の酢酸からは 1 mol の $H^+$ が生じることになる。

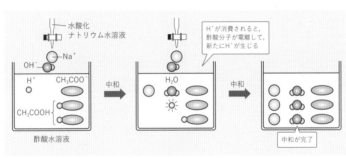

↑ 酢酸水溶液と水酸化ナトリウム水溶液の中和 ($CH_3COOH + NaOH \rightarrow CH_3COONa + H_2O$)

**ANSWER**

☑ 01
★★★
酸と塩基が過不足なく中和するとき，
酸の ☐ ×酸の物質量＝
塩基の ☐ ×塩基の物質量が成りたつ。
（ ☐ には同じ単語が入る）

**価数**

☑ 02
★★★
過不足なく中和すると，酸と塩基の物質量は酸や塩基の強弱（電離度の大小）に［関係しない　によって異なる］。

**関係しない**

☑ 03
★★☆
1価の酸である塩素 HCl 1 mol を過不足なく中和するためには，2価の塩基の水酸化バリウム Ba(OH)$_2$ は ☐ mol 必要である。

**0.5**

☑ 04
★★★
硫酸 1 mol を加えた水溶液を中和するためには，水酸化ナトリウムは何 mol 必要か。

**ANSWER** 2 mol

**解説** 硫酸は2価の酸，水酸化ナトリウムは1価の塩基である。
求める物質量を $a$〔mol〕とすると，酸の価数×酸の物質量＝塩基の価数×塩基の物質量より，

$$2 \times 1 = 1 \times a \qquad a = 2 〔mol〕$$

☑ 05
★★★
0.200 mol/L の塩酸 200 mL を過不足なく中和するために必要な 0.100 mol/L の水酸化ナトリウム水溶液の体積〔mL〕を求めなさい。

**ANSWER** 400 mL

**解説** 塩酸は1価の酸，水酸化ナトリウムは1価の塩基である。求める体積を $V$〔mL〕とすると，酸の価数×酸の物質量＝塩基の価数×塩基の物質量より，

$$1 \times 0.200 \times \frac{200}{1000} = 1 \times 0.100 \times \frac{V}{1000} \qquad V = 400 〔mL〕$$

□ 06 ★★★ 0.0100 mol/L の塩酸が 200 mL ある。これを中和するためにはあるモル濃度の水酸化カリウム水溶液が 50.0 mL 必要である。この水酸化カリウム水溶液のモル濃度を有効数字 3 桁で求めなさい。

**ANSWER** 0.0400 mol/L ($4.00 \times 10^{-2}$ mol/L)

**解説** 塩酸は 1 価の酸，水酸化カリウムは 1 価の塩基である。求めるモル濃度を $c'$〔mol/L〕とすると，

酸の価数×酸の物質量＝塩基の価数×塩基の物質量より，

$$1 \times 0.0100 \times \frac{200}{1000} = 1 \times c' \times \frac{50}{1000} \qquad c' = 0.0400 〔mol/L〕$$

□ 07 ★★★ 次の各問いに答えなさい。

① 0.50 mol の水酸化カリウムとちょうど中和する硫酸の物質量はいくらか。

② 0.20 mol/L の酢酸水溶液 10 mL を中和するのに必要な 0.25 mol/L の水酸化ナトリウム水溶液の体積はいくらか。

**ANSWER** ① 0.25 mol ② 8.0 mL

**解説** ① 水酸化カリウムの価数は 1，硫酸の価数は 2 なので，硫酸の物質量を $n$〔mol〕とすると

$$2n = 1 \times 0.5 \qquad n = 0.25 〔mol〕$$

② 酢酸は弱酸であるが，中和の量的関係では，酸や塩基の強弱を考えなくてよい。酢酸も水酸化ナトリウムも価数は 1 であり，水酸化ナトリウム水溶液の体積を $v$〔mL〕とすると

$$1 \times 0.20 \times \frac{10}{1000} = 1 \times 0.25 \times \frac{v}{1000} \qquad v = 8.0 〔mL〕$$

一問一答演習

PART 2 物質の変化

135

# 中和滴定

## ① 滴定曲線

### これだけ！ 中和滴定は濃度を求める操作

● **中和滴定**：中和の量的関係を利用して，濃度のわかっている酸（または塩基）を用いて濃度がわからない塩基（または酸）濃度を求める操作。

● **標準溶液**：中和滴定時に用いる，濃度が正確にわかっている酸または塩基の水溶液。

● **中和点**：酸と塩基が過不足なく中和する点。

● **滴定曲線**：中和滴定において，横軸に加えた酸や塩基の体積（滴下量），縦軸に pH を示したグラフ。

● **滴定曲線における中和点**：滴下量に対して，急激に pH が変化するゾーンの中間部分を中和点とする。

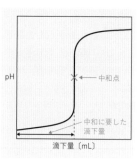

↑ 滴定曲線

## ② 滴定曲線からわかること

### これだけ！ 滴定曲線から酸・塩基の強さがわかる

● **滴定曲線からわかること**：中和点の pH の値から，滴定に用いた酸と塩基の強さがわかる。

- **強酸 + 強塩基**：中和点の pHは7。

  pH指示薬は、**フェノールフタレイン溶液**でも**メチルオレンジ**でもよい。

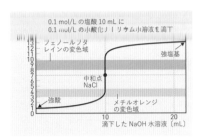

↑ 強酸と強塩基の反応

- **弱酸 + 強塩基**：中和点の pHは7より大きくなる。

  pH指示薬は、塩基性の領域に変色域をもつ**フェノールフタレイン**である。

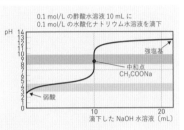

↑ 弱酸と強塩基の反応

- **強酸 + 弱塩基**：中和点の pHは7より小さくなる。

  pH指示薬は、酸性の領域に変色域をもつ**メチルオレンジ**である。

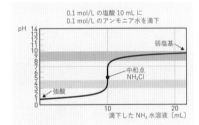

↑ 強酸と弱塩基の反応

- **弱酸 + 弱塩基**：中和点の pHは7。

  弱酸と弱塩基の滴定では適当な pH指示薬を決めることはできない。

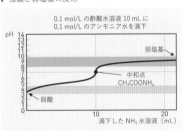

↑ 弱酸と弱塩基の反応

物質の変化

### これだけ！ 器具の使用目的と洗浄方法を整理する

● **メスフラスコ**：正確な濃度の溶液をつくるために用いる。
純水で洗浄して，濡れたまま使用してよい。

● **コニカルビーカー**：酸と塩基の溶液を反応させるために用いる。
純水で洗浄して，濡れたまま使用してよい。

● **ホールピペット**：一定体積の溶液を正確にはかり取るために用いる。
使用する溶液で内部を数回すいでから使用する（**共洗い**という）。

● **ビュレット**：滴下した溶液の体積を正確にはかるために用いる。
使用する溶液で内部を数回すいでから使用する。

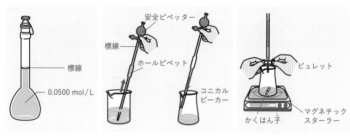

↑ メスフラスコ　　　↑ ホールピペットとコニカルビーカー　　　↑ ビュレットによる滴定

 注意！　メスフラスコやコニカルビーカーは共洗いをしてはならない。もし，共洗いをすると，ガラス器具の壁面に使用する溶液が付着するため，ホールピペットではかりとったときに溶質の物質量が増加してしまい，正確な測定ができなくなる。また，ガラス製品は加熱すると膨張・変形し正確な測定ができなくなるため，メスフラスコやホールピペット，ビュレットは加熱乾燥してはならない。

# EXERCISE

**ANSWER**

☑ **01**
★★★
酸の水溶液に塩基の水溶液を徐々に滴下していくと，混合水溶液の pH が滴下量に応じて変化する様子を観測できる。横軸に滴下量，縦軸に pH をとり，変化をグラフにしたものを ☐ とよぶ。

滴定曲線

☑ **02**
★★★
指示薬として，次のア～ウが手元にある。0.1 mol/L の酢酸水溶液を 0.1 mol/L の水酸化ナトリウム水溶液を用いて中和滴定を行うとき，指示薬として適しているのは，☐ である。
ア　メチルオレンジ
イ　メチルレッド
ウ　フェノールフタレイン

ウ

☑ **03**
★★★
0.10 mol/L の塩酸を 0.10 mol/L の水酸化ナトリウム水溶液で中和滴定する。このとき，中和点を知るための指示薬は，メチルオレンジとフェノールフタレインのうち，☐。
ア　メチルオレンジのみである
イ　フェノールフタレインのみである
ウ　両方とも適している
エ　どちらも適していない

ウ

☑ **04**
★★☆
酢酸水溶液に水酸化ナトリウム水溶液を滴下し続けたとすると，滴下開始からの滴定曲線は ☐ のようになる。

②

① ② ③ ④

①
14
12
10
8
6
4
2
0　　10　　20
水酸化ナトリウム
水溶液の滴下量[mL]

② 
14
12
10
8
6
4
2
0　　10　　20
水酸化ナトリウム
水溶液の滴下量[mL]

③
14
12
10
8
6
4
2
0　　10　　20
水酸化ナトリウム
水溶液の滴下量[mL]

④
14
12
10
8
6
4
2
0　　10　　20
水酸化ナトリウム
水溶液の滴下量[mL]

PART 2

物質の変化

# 33

# 酸化と還元

## 1 酸素の授受と酸化・還元

これだけ! 👉 **酸化は酸素を受け取る。還元は酸素を失う。**

● **酸化と還元**：酸化と還元は，**酸素，水素，電子**の授受によって，定義される。

● **酸化**：酸素を受け取ること。**物質が酸素を受け取る反応。**

　(例) 銅 Cu を熱すると空気中の酸素 $O_2$ を受け取り，酸化銅(II)CuO になる。このとき，銅は酸素を受け取っているので，「銅は酸化された」といえる。

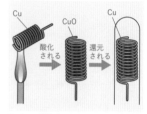

↑ Cu の酸化と CuO の還元

● **還元**：酸素を失うこと。**酸化物が酸素を失う反応。**

　(例) 加熱した CuO を水素 $H_2$ と触れさせると，CuO は酸素を失って Cu になるので，「酸化銅は還元された」といえる。このとき，$H_2$ は酸素を受け取って水 $H_2O$ になるので，「水素は酸化された」といえる。

● **酸素の授受と酸化・還元**

　酸化銅(II)は酸素を失って還元される

$$CuO + H_2 \longrightarrow Cu + H_2O$$

　水素は酸素を受け取って酸化される

↑ 酸素の授受と酸化・還元

**注意！** 「酸化（還元）された」とは，自らが酸化（還元）されたことをいい，「酸化（還元）した」とは相手を酸化（還元）したことをいう。酸化・還元した，されたのがどちらなのか間違えないように注意。左下の図の Cu と $O_2$ の反応の例では，「Cu は酸化された」となり，「$O_2$ は Cu を酸化した」となる。

## 2　水素の授受と酸化・還元

**これだけ！　酸化は水素を失う。還元は水素を受け取る。**

- **酸化**：酸素が関係しない反応において，**水素を失う**反応。
- **還元**：酸素が関係しない反応において，**水素を受け取る**反応。
- **水素の授受と酸化・還元**：硫化水素 $H_2S$ と塩素 $Cl_2$ が反応して塩化水素 HCl と硫黄 S ができるという反応では，$H_2S$ は水素を失って酸化されており，$Cl_2$ は水素を受け取って還元されている。

硫化水素は水素を失って酸化される

$$H_2S + Cl_2 \longrightarrow 2HCl + S$$

塩素は水素を受け取って還元される

↑ 水素の授受と酸化・還元

## 3　電子の授受と酸化・還元

**これだけ！　酸化は電子を失う。還元は電子を受け取る。**

- **酸化**：**電子を失う**反応。
- **還元**：**電子を受け取る**反応。

- **電子の授受と酸化・還元**：銅の酸化（$2Cu + O_2 \longrightarrow 2CuO$）では，酸素原子 O は銅原子 Cu から電子 $e^-$ を受け取って酸化物イオン $O^{2-}$ になり，Cu は $e^-$ を失って銅（II）イオン $Cu^{2+}$ となる。よって，銅は酸化されており，酸素は還元されているといえる。

  $2Cu + O_2 \longrightarrow 2CuO$

  $Cu \longrightarrow Cu^{2+} + 2e^-$ …銅は電子を失って酸化される

  $O_2 + 4e^- \longrightarrow 2O^{2-}$ …酸素は電子を受け取って還元される

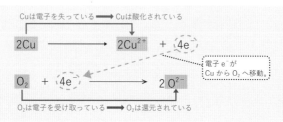

↑ 電子の授受と酸化・還元

注意！
酸化と還元における電子の授受では，失う電子の数と受け取る電子の数は必ず等しくなっている。

## 4 酸化還元反応

これだけ！ ☞ 酸化還元反応は必ず酸化と還元が同時に起こる。

- **酸化還元反応**：酸化や還元が起こる反応では，酸素，水素，電子を放出するものと受け取るものがセットになって反応が進み，**必ず酸化と還元が同時に起こる**。このような反応を酸化還元反応という。

$$Cu \longrightarrow Cu^{2+} + 2e^-$$
$$Cl_2 + 2e^- \longrightarrow 2Cl^-$$
$$\overline{Cu + Cl_2 \longrightarrow CuCl_2}$$

↑ 銅と塩素の反応

# EXERCISE

**ANSWER**

☑ 01 物質が酸素を受け取る反応を〔　　〕という。　　　**酸化**
★★★

☑ 02 物質が酸素を失う反応を〔　　〕という。　　　　　**還元**
★★★

☑ 03 物質が電子を〔　　〕ことを酸化という。　　　　　**失う**
★★★

☑ 04 物質が水素を受け取る反応を〔　　〕という。　　　**還元**
★★☆

☑ 05 金属イオンが金属の単体になる反応は〔　　〕である。　**還元**
★★☆

☑ 06 ある物質で酸化反応が起これば，必ず還元反応が同　　**酸化還元**
★★★　時に起こっている。このような反応を〔　　〕反応
　　　という。

☑ 07 身のまわりの物質が関与する次の化学現象ア〜エのうち，酸化還元反応
★★★　を含まないものはどれか，答えよ。
　　　ア　鉄くぎをしめった場所に置くと，赤茶色になった。
　　　イ　プロパンガスが青い炎を出して燃焼した。
　　　ウ　炭酸飲料をコップに注ぐと泡が出た。
　　　エ　マッチをすったら炎が出た。

**ANSWER**　ウ

**解説**　ア　これは鉄が錆びる反応であり，鉄が酸化されている。この反応は，
　　　$4Fe + 3O_2 + 2H_2O \longrightarrow 4FeO(OH)$ と表すことができる。
　　　イ　プロパンガスの燃焼は，$C_3H_8 + 5O_2 \longrightarrow 3CO_2 + 4H_2O$ と表せる。プ
　　　ロパンは水素を失って酸素を受け取っているため，プロパンは酸化さ
　　　れ，酸素が還元されている。また，燃焼という反応自体が酸化反応で
　　　ある。
　　　ウ　炭酸飲料の泡は炭酸飲料に溶けている二酸化炭素であり，酸化還元
　　　反応とは関係がない。
　　　エ　マッチをすったときに炎が出るのは，燃焼反応である。

# 34

# 酸化数と
# 酸化数の変化

## 1 酸化数

これだけ！  酸化数は酸化の度合いがわかる

● **酸化数**：**原子やイオンの酸化の度合を示す数値**。物質間の電子のやり取りから，酸化と還元を判断する基準となる。化合物中で電子を $n$ 個失った（酸化された）状態を「$+n$」，電子を $n$ 個受け取った（還元された）状態を「$-n$」と表す。

● 酸化数の決め方：
(1) **単体中の原子の酸化数を 0 とする。**

$$\underset{0}{Na} \quad \underset{0}{Cu} \quad \underset{0}{H_2} \quad \underset{0}{O_2}$$

(2) **化合物中では，H 原子の酸化数は +1，O 原子の酸化数は -2 とする。ただし，$H_2O_2$ 中では，例外で O 原子の酸化数は -1 とする。**

$$\underset{+1 \;\; -2}{H_2 O} \quad \underset{+1}{NH_3} \quad \underset{+1 \;\; -1}{H_2 O_2}$$

(3) **単原子イオンの酸化数はイオンの価数に等しい。多原子イオンをつくる原子の酸化数の総和はイオンの価数に等しい。ただし，陽イオンは +，陰イオンは - の符号をつけた値となる。**

単原子イオンの場合 $\quad \underset{+1}{Na^+} \quad \underset{+2}{Cu^{2+}} \quad \underset{-1}{Cl^-} \quad \underset{-2}{O^{2-}}$

多原子イオンの場合 $\quad \underset{-3 \;\; +1}{N \, H_4^+} \quad \underset{+6 \;\; -2}{S \, O_4^{2-}}$

(4) 化合物中の酸化数の合計は 0 になる。

$$NH_3 \quad KClO_3$$

## 2 酸化数の変化と酸化・還元

**これだけ！** 酸化数が増えると，「酸化された」
酸化数が減ると，「還元された」

● **物質が酸化される**：その物質中の原子の**酸化数が増加する。**

● **物質が還元される**：その物質中の原子の**酸化数が減少する。**

● **酸化数の変化と酸化・還元**：反応の前後で「**酸化数が増加している原子は酸化された**」といい，「**酸化数が減少している原子は還元された**」という。

$$\underset{0}{2Cu} + \underset{0}{O_2} \longrightarrow \underset{+2}{2Cu} \underset{-2}{O}$$

Cu は酸化されており，酸化数は 0 から +2 に増加する。
$O_2$ は還元されており，酸化数は 0 から −2 に減少する。

| 反応 | 電子 | 原子の酸化数 |
|------|------|------------|
| 酸化される | $e^-$ を失う | 増加する |
| 還元される | $e^-$ を受け取る | 減少する |

↑ 酸化還元反応と酸化数の変化

物質の変化

# EXERCISE

ANSWER

☑ **01** 酸化還元反応が起こるとき，反応の前後で原子やイ
★★★ オンの酸化の程度である ☐ が変化する。

酸化数

☑ **02** マンガン Mn 原子の酸化数は ☐ である。
★★★

0

☑ **03** HBr の H の酸化数は ☐ である。
★★★

+1

☑ **04** $MnO_2$ を構成するマンガン原子の酸化数は ☐
★★★ である。

+4

☑ **05** $\underline{Cr}_2O_7{}^{-2}$ の下線を引いた原子の酸化数は ☐ であ
★★★ る。

+6

☑ **06** $H_2O_2$ の O の酸化数は ☐ である。
★★★

−1

☑ **07** 過マンガン酸カリウム $KMnO_4$ 中の，カリウム原子
★★★ の酸化数は ☐ である。

+1

☑ **08** 次のア〜エの窒素酸化物のうち，窒素原子の酸化数
★★☆ が最も小さいものは， ☐ である。
ア NO イ $N_2O$ ウ $NO_2$ エ $N_2O_5$

イ

☑ **09** 酸化マンガン(IV)に濃塩酸を加えて加熱すると，塩
★★★ 素が生成する。この反応で，マンガン原子の酸化数
は +4 から +2 に変化するため，マンガン原子は
☐ されたことになる。

還元

☑ **10** 臭化カリウムと塩素が，$2KBr + Cl_2 \longrightarrow 2KCl + Br_2$
★★★ のように反応したとき，反応前後における臭素原子
の酸化数は［増加する 減少する 変わらない］。

増加する

**ANSWER**

☑ **11**
★★★
次式で示した酸化還元反応において，酸化されている物質は ☐ である。

$SO_2 + H_2O_2 \longrightarrow H_2SO_4$

$SO_2$

☑ **12**
★★★
次のア〜ウの反応のうち，酸化還元反応であるものは ☐ である。

ア　$SO_2 + H_2O \longrightarrow H_2SO_3$

イ　$H_2S + 2NaOH \longrightarrow Na_2S + 2H_2O$

ウ　$Cu_2S + O_2 \longrightarrow 2Cu + SO_2$

ウ

☑ **13**
★★★
次の化学式で，下線部の原子の酸化数を求めよ。

(1) $H_2\underline{S}$　　(2) $H\underline{N}O_3$　　(3) $K_2\underline{Cr}_2O_7$

**ANSWER** (1) $-2$ (2) $+5$ (3) $+6$

**解説** (1) H の酸化数は $+1$ で，化合物中の酸化数の合計は 0 になるので，S の酸化数は $-2$ である。

(2) H の酸化数は $+1$，O の酸化数は $-2$ で化合物中の酸化数の合計は 0 になるので，N の酸化数を $x$ とすると，$(+1)+x+(-2)\times3=0$ より，$x=+5$

(3) K の酸化数は $+1$，O の酸化数は $-2$ である。Cr の酸化数を $x$ とすると，$(+1)\times2+2x+(-2)\times7=0$ より，$x=+6$

# SECTION 35

# 酸化剤と還元剤

## 1 酸化剤と還元剤

これだけ! 酸化剤は相手を酸化し，自らは還元される。

- **酸化剤**：酸化還元反応において，**相手の物質を酸化することができる物質。自らは還元される。**

- **還元剤**：酸化還元反応において，**相手の物質を還元することができる物質。自らは酸化される。**

- 酸化剤と還元剤の反応：

酸化数が増加＝酸化された＝相手を還元した＝**還元剤**

$$\underset{+2}{Cu}\ \underset{-2}{O}\ +\ \underset{0}{H_2}\ \longrightarrow\ \underset{0}{Cu}\ +\ \underset{+1}{H_2O}$$

酸化数が減少＝還元された＝相手を酸化した＝**酸化剤**

↑ 酸化銅（Ⅱ）CuO と水素 $H_2$ の反応

| 種類 | 反応 | | 酸化数 |
|------|------|------|--------|
| 酸化剤 | 相手を酸化する | 自身は還元される | 酸化数が減少する原子を含む |
| 還元剤 | 相手を還元する | 自身は酸化される | 酸化数が増加する原子を含む |

↑ 酸化剤・還元剤と酸化数の増減

**2 酸化剤・還元剤の反応式のつくり方**

  **酸化数の変化に着目して反応式をつくる**

● **酸化剤・還元剤のはたらきを示す反応式のつくり方**：反応前と
反応後で酸化数の変化した物質に着目して①〜④のステップで式を組み
立てる。例えば，酸化剤の過マンガン酸イオン $MnO_4^-$ がマンガン（II）
イオン $Mn^{2+}$ に変化する反応は次のような手順で考える。

### ①反応の前後で酸化数が変化した物質を書く

$$\underset{+7}{MnO_4^-} \longrightarrow \underset{+2}{Mn^{2+}}$$

### ②酸化数の変化に相当するように電子 $e^-$ を加える

$$MnO_4^- + 5e^- \longrightarrow Mn^{2+}$$

### ③両辺の電荷の合計が等しくなるように $H^+$ を加える

$$MnO_4^- + 8H^+ + 5e^- \longrightarrow Mn^{2+}$$

左辺の電荷：−6　　　　　　　　　　　　　　右辺の電荷：+2
→左辺に $8H^+$ を加える

### ④両辺の酸素原子の数を合わせるように，水 $H_2O$ を加える

$$MnO_4^- + 8H^+ + 5e^- \longrightarrow Mn^{2+} + 4H_2O$$

注意!
還元剤の反応式も同様の手順で考えられるが，還元剤は電子を失う反応をする
ため，②の手順で右辺に電子 $e^-$ を加える。

PART 2

物質の変化

149

**酸化剤・還元剤の化学反応式**

> **これだけ！** 👉 電子の数を合わせて反応式を作る

- **酸化還元反応の化学反応式**：酸化還元反応では，**酸化剤が相手から受け取る電子の数と還元剤が相手に与える電子の数はつねに等しくなる**。よって，酸化剤の反応式と還元剤の反応式から $e^-$ を消去すると，酸化還元反応の化学反応式が得られる。

- 酸化還元反応の化学反応式の作り方
  ①酸化剤・還元剤の電子の授受を示す反応式をそれぞれ書く

  酸化剤　$H_2O_2 + 2H^+ + 2e^- \longrightarrow 2H_2O$
  還元剤　$\qquad\qquad\qquad 2I^- \longrightarrow I_2 + 2e^-$

  ②2つの反応式の電子の数を合わせて，両式を加えて電子を消去する

  $H_2O_2 + 2I^- + 2H^+ \longrightarrow I_2 + 2H_2O$

  ③省略されたイオンを補う。両辺に $2K^+$ と $SO_4{}^{2-}$ を加えると，化学反応式が得られる

  $H_2O_2 + 2KI + H_2SO_4 \longrightarrow I_2 + 2H_2O + K_2SO_4$

# 一問一答演習

## EXERCISE

**ANSWER**

☐ 01 酸化還元反応において，相手の物質を酸化する物質 を ☐ という。　　　　　　　　　　　酸化剤
★★★

☐ 02 還元剤とは ☐ されやすい性質をもつ。　　　　　酸化
★★★

☐ 03 硫化水素 $H_2S$ は強い還元剤として作用し，作用した 後は ☐ に変化する。　　　　　　　　　　　　硫黄
★★★

☐ 04 過酸化水素は，電子を授受する反応において，　　酸化剤または
★★★ ［酸化剤のみ　還元剤のみ　酸化剤または還元剤］　還元剤
　　 として作用する。

☐ 05 硫酸酸性の過マンガン酸カリウムとシュウ酸の酸化還元反応における反
★★★ 応式を答えよ。
　　 ただし，酸化剤，還元剤の反応式は次式である。
　　 酸化剤　$MnO_4^- + 8H^+ + 5e^- \longrightarrow Mn^{2+} + 4H_2O$
　　 還元剤　$(COOH)_2 \longrightarrow 2CO_2 + 2H^+ + 2e^-$

**ANSWER** $2MnO_4^- + 6H^+ + 5(COOH)_2 \longrightarrow 2Mn^{2+} + 10CO_2 + 8H_2O$

**解説** 過マンガン酸カリウムの電子の授受を示す反応式は，

　　 $MnO_4^- + 8H^+ + 5e^- \longrightarrow Mn^{2+} + 4H_2O$　…①

　　 シュウ酸の電子の授受を示す反応式は，

　　 $(COOH)_2 \longrightarrow 2CO_2 + 2H^+ + 2e^-$　…②

　　 電子を消去できるように，両式を加える（①×2＋②×5）。

　　 $2MnO_4^- + 6H^+ + 5(COOH)_2 \longrightarrow 2Mn^{2+} + 10CO_2 + 8H_2O$

PART 2

物質の変化

# 36

# 酸化還元の量的関係

## ① 酸化還元滴定

これだけ！  酸化還元滴定は濃度を求める操作

- 酸化還元滴定：**濃度のわかっている酸化剤（還元剤）**を使って，実験から，**濃度のわからない還元剤（酸化剤）**の濃度を求める操作のこと。**酸化剤が受け取った電子 $e^-$ の物質量＝還元剤が失った電子 $e^-$ の物質量**である。

(例) 濃度のわからない過酸化水素水 $H_2O_2$ に濃度のわかっている過マンガン酸カリウム水溶液（硫酸酸性）$KMnO_4$ を滴下する場合

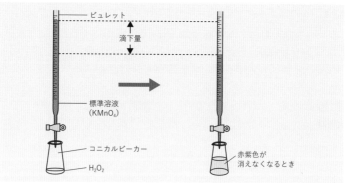

↑ 過マンガン酸カリウム水溶液（硫酸酸性）$KMnO_4$ による過酸化水素水 $H_2O_2$ の酸化還元滴定

① 濃度のわからない $H_2O_2$ をホールピペットで正確に一定量はかり取り，これをコニカルビーカーに入れる。

② 濃度がわかっている $KMnO_4$ を標準溶液としてビュレットから滴下していく。

③ 滴下してしばらくすると $KMnO_4$ 水溶液の赤紫色が消えなくなる。このときの滴下量を読み取る。

## 2 酸化還元滴定の量的関係

### これだけ！ 酸化還元滴定では，電子の物質量に着目する

● **酸化還元滴定の量的関係**：酸化還元反応は電子の授受を行う反応で，**酸化剤が受け取る電子 $e^-$ の物質量**と**還元剤が失った電子の物質量**が等しくなる。

$$\text{酸化剤} \quad MnO_4^- + 8H^+ + \underline{5e^-} \longrightarrow Mn^{2+} + 4H_2O$$
$$\text{還元剤} \quad H_2O_2 \longrightarrow O_2 + 2H^+ + \underline{2e^-}$$

↑ 硫酸酸性の水溶液中での，過マンガン酸カリウムと過酸化水素の反応

(例) 1 mol の過マンガン酸カリウムは 5 mol の電子を受け取り，1 mol の過酸化水素は 2 mol の電子を失う。これらが過不足なく反応するとき，

過マンガン酸カリウムの物質量×5 ＝ 過酸化水素の物質量×2
(酸化剤が受け取る電子の物質量)＝(還元剤が失った電子の物質量)

COLUMN
### COD 測定

COD は，水中の汚染物質（有機物，$NO_2^-$，$S^{2-}$，$Fe^{2+}$ など）が酸化したときに消費された酸化剤の物質量を酸素質量〔mg/L〕に換算したもので，水質を表す指標のひとつである。COD の値が高いほど水中の有機化合物が多く，汚染が進んでいることを表している。

**ANSWER**

☑ **01**
★★★

<table>
<tr><td>□□□□ 反応を利用して，酸化剤または還元剤の水溶液の濃度を求める実験操作を酸化還元滴定と呼ぶ。</td><td>酸化還元</td></tr>
</table>

☑ **02**
★★★

硫酸で酸性にしたシュウ酸水溶液に過マンガン酸カリウム水溶液を滴下していくと，やがて終点に達した。終点に達した判断は，滴下した溶液の赤紫色が□□□□ことから行う。

消えなくなる

☑ **03**
★☆☆

硫酸酸性の下，濃度不明の過酸化水素水を過マンガン酸カリウム水溶液を用いて酸化還元滴定を行った。硫酸酸性のかわりに塩酸酸性とすると正確な濃度を決定□□□□。

できない

☑ **04**
★★★

硫酸酸性下で，0.10 mol/L の過マンガン酸カリウム水溶液 10.0 mL と過不足なく反応する 0.25 mol/L の過酸化水素水は何 mL か。ただし，反応式は次のとおりである。

$$MnO_4^- + 8H^+ + 5e^- \longrightarrow Mn^{2+} + 4H_2O$$
$$H_2O_2 \longrightarrow O_2 + 2H^+ + 2e^-$$

**ANSWER** 10 mL

**解説** イオン反応式より，$MnO_4^-$ が受け取る電子の数は 5，$H_2O_2$ が失う電子の数は 2 とわかる。求める過酸化水素水の体積を $x$〔mL〕とすると，

$$5 \times 0.10 \times \frac{10.0}{1000} = 2 \times 0.25 \times \frac{x}{1000}$$
$$x = 10.0 \text{ mL}$$

となる。計算を行う上では化学反応式まで求める必要はなく，反応する酸化剤，還元剤が受け取ったり，失ったりする電子の数がわかれば求めることができる。

☐ **05**
★★★
過酸化水素水 20.0 mL に，硫酸で酸性にした 0.20 mol/L のニクロム酸カリウム水溶液を徐々に滴下したところ，10.0 mL 滴下したところで，水溶液が緑色になった。この過酸化水素水のモル濃度はいくらか。ただし，反応式は以下の通りである。

$$Cr_2O_7{}^{2-} + 14H^+ + 6e^- \longrightarrow 2Cr^{3+} + 7H_2O$$
$$H_2O_2 \longrightarrow O_2 + 2H^+ + 2e^-$$

**ANSWER** 0.30 mol/L

**解説** イオン反応式より，$Cr_2O_7{}^{2-}$ が受け取る電子の数は 6，$H_2O_2$ が失う電子の数は 2 とわかる。求める過酸化水素水の濃度を $c$〔mol/L〕とすると，

$$6 \times 0.20 \times \frac{10.0}{1000} = 2 \times c \times \frac{20.0}{1000}$$
$$c = 0.30 〔mol/L〕$$

となる。計算を行う上では化学反応式まで求める必要はなく，反応する酸化剤，還元剤が受け取ったり，失ったりする電子の数がわかれば求めることができる。

# 金属のイオン化傾向

## ① イオン化傾向

 **イオン化傾向が大きい金属は酸化されやすい**

- **金属のイオン化傾向**：水溶液中で，単体の金属原子が電子を放出して陽イオンになろうとする性質。単体の金属が陽イオンになる変化は酸化であるため，**イオン化傾向が大きいほど，酸化されやすい**，あるいは**還元作用が強い**ということができる。

- **金属のイオン化列**：金属をイオン化傾向の大きい順に並べたもの。水素 H は金属ではないが，陽イオンになる性質があるので，イオン化列の中に入れて示すことが多い。

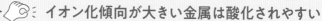

$$\overset{\text{リッチニ}}{\text{Li}} > \overset{\text{カソウ}}{\text{K}} > \overset{\text{カ}}{\text{Ca}} > \overset{\text{ナ}}{\text{Na}} > \overset{\text{マ}}{\text{Mg}} > \overset{\text{ア}}{\text{Al}} > \overset{\text{ア}}{\text{Zn}} > \overset{\text{テ}}{\text{Fe}} > \overset{\text{ニ}}{\text{Ni}} > \overset{\text{スン}}{\text{Sn}}$$
$$> \overset{\text{ナ}}{\text{Pb}} > \overset{\text{ヒ}}{\text{(H)}} > \overset{\text{ド}}{\text{Cu}} > \overset{\text{ス}}{\text{Hg}} > \overset{\text{ギル}}{\text{Ag}} > \overset{\text{ハク(借)}}{\text{Pt}} > \overset{\text{キン}}{\text{Au}}$$

↑ 金属のイオン化列

## ② 金属の反応性

 **イオン化傾向が大きい金属の単体は反応しやすい**

- **イオン化傾向と反応性**：イオン化傾向の大きい金属の単体は水や酸などと反応しやすい。イオン化傾向の小さい金属の単体は安定しており，反応しにくい。

**(1) 金属の単体と空気の反応**

● **Li, K, Ca, Na**

常温で空気中の酸素により酸化される。この反応は内部まで速やかに起こる。

(例) $4Na + O_2 \longrightarrow 2Na_2O$

● **Mg, Al, Zn など**

常温の空気中に放置すると，表面に酸化物の被膜をつくる。

(例) $4Al + 3O_2 \longrightarrow 2Al_2O_3$

● **Ag, Pt, Au**

イオン化傾向が小さいため，強熱しても酸化されない。

**② 金属の単体と水の反応**

● **Li, K, Ca, Na**

常温で水と反応し，水素を発生。

(例) $2Na + 2H_2O \longrightarrow 2NaOH + H_2\uparrow$

● **Mg**

熱水（沸騰している水）と反応し，水素を発生。

(例) $Mg + 2H_2O \longrightarrow Mg(OH)_2 + H_2\uparrow$

● **Al, Zn, Fe**

高温の水蒸気と反応し，水素を発生。

(例) $2Al + 3H_2O \longrightarrow Al_2O_3 + 3H_2\uparrow$

**③ 金属の単体と酸の反応**

● **H よりイオン化傾向の大きい金属**

希酸（希塩酸や希硫酸など濃度の小さい酸）と反応し，水素を発生。

(例) $2Al + 6H^+ \longrightarrow 2Al^{3+} + 3H_2\uparrow$

注意！

Pb：塩酸や硫酸には難溶性の塩 $PbCl_2$，$PbSO_4$ が生じるため，反応しない。
Al, Fe, Ni：濃硝酸や濃硫酸には金属表面に酸化被膜をつくり，内部が保護されるため反応が起こらない。これを不動態という。

● **Cu, Hg, Ag**

硝酸や熱濃硫酸（加熱した濃硫酸）といった酸化力のある酸には溶け，水素以外の気体を発生。

(例) 銅と希硝酸　$3Cu + 8HNO_3 \longrightarrow 3Cu(NO_3)_2 + 4H_2O + 2NO\uparrow$ （一酸化窒素）

(例) 銅と濃硝酸　$Cu + 4HNO_3 \longrightarrow Cu(NO_3)_2 + 2H_2O + 2NO_2\uparrow$ （二酸化窒素）

(例) 銅と熱濃硫酸　$Cu + 2H_2SO_4 \longrightarrow CuSO_4 + 2H_2O + SO_2\uparrow$ （二酸化硫黄）

### ④ 金属の単体と金属イオンの反応

● **金属樹**：イオン化傾向の大きい金属をイオン化傾向の小さい金属イオンを含む水溶液に入れたとき，イオン化傾向の小さい金属イオンが還元されて金属の単体となり，木の枝のようになって析出したもの。

| 金属のイオン化列 | Li | K | Ca | Na | Mg | Al | Zn | Fe | Ni | Sn | Pb | (H₂) | Cu | Hg | Ag | Pt | Au |
|---|---|---|---|---|---|---|---|---|---|---|---|---|---|---|---|---|---|
| 常温の空気中での反応 | 酸化される | | | | 酸化され，表面に被膜ができる | | | | | | | | 酸化されない | | | | |
| 水との反応 | 常温で激しく反応 | | | | 熱水と反応 | 高温の水蒸気と反応 | 反応しない | | | | | | | | | | |
| 酸との反応 | 塩酸や希硫酸などの酸と反応して水素を発生する | | | | | | | | | | | | 酸化力の強い酸に溶ける | | | 王水に溶ける | |

↑ 金属の単体の反応性

---

**COLUMN**

### 金属の腐食の防止

金属の一部が酸化されて，酸化物や水酸化物，炭酸塩などに変わってしまうことを腐食（さび）という。この腐食を防ぐため，金属の表面を別の金属で覆う方法をめっきという。めっきは，イオン化傾向の違いを利用している。

**●ブリキ**
鉄 Fe の表面にスズ Sn をめっきしたもの。Sn は Fe よりもイオン化傾向が小さいため，ブリキは Fe に比べてさびにくい。しかし，ブリキの表面に傷がついて Fe が露出すると，Fe が先に酸化されてしまうので，めっきの効果がなくなってしまう。そのため，ブリキは缶詰の内壁などの傷がつきにくいところに使われる。

**●トタン**
鉄 Fe の表面に亜鉛 Zn をめっきしたもの。Zn は Fe よりもイオン化傾向が大きいが，Zn は表面に酸化被膜をつくり内部を保護するため，トタンは Fe に比べてさびにくい。また，トタンの表面に傷がついて Fe が露出しても，イオン化傾向の大きい Zn が先に酸化されるので，内部の Fe はさびにくい。そのため，トタンは屋根などの水にぬれる所に使われる。

---

# EXERCISE

**ANSWER**

☐ **01**
★★★
単体の金属の原子が，水または水溶液中で電子を放出して陽イオンになる性質を金属の　　　　という。

**イオン化傾向**

☐ **02**
★★★
イオン化傾向の大きな金属は，[酸化　還元] されやすい。

**酸化**

☐ **03**
★★★
亜鉛は，鉄よりイオン化傾向が [大きい　小さい]。

**大きい**

☐ **04**
★★★
アルミニウムは濃硝酸には溶けない。これは，金属表面に安定な酸化物の被膜ができ，内部が保護されるためである。このような状態を　　　　という。

**不動態**

☐ **05**
★★★
金は希塩酸や硝酸とは反応しないが，　　　　には溶ける。

**王水**

☐ **06**
★★★
次の記述からA〜Eの金属を推定しなさい。ただし，A〜Eの金属は以下のいずれかである。

〔 Ag Au Cu Fe Zn 〕

(1) A，Dは希塩酸に溶けて水素を発生する。
(2) Bは濃硝酸にも熱濃硫酸にも溶けなかった。
(3) Aのイオンを含む水溶液をDに浸したが，変化はなかった。
(4) CとEを使ってダニエル型の電池をつくると，Cが−極になる。

⋯⋯⋯⋯⋯⋯⋯⋯⋯⋯⋯⋯⋯⋯⋯⋯⋯⋯⋯⋯⋯⋯⋯⋯⋯⋯⋯⋯⋯⋯⋯⋯⋯⋯⋯⋯⋯⋯⋯⋯⋯⋯⋯⋯⋯⋯⋯⋯⋯

**ANSWER**　A：Zn　B：Au　C：Cu　D：Fe　E：Ag

**解説**
(1) AとDは希塩酸に溶けるので，水素よりイオン化傾向の大きい金属である。よって，Fe と Zn のいずれかとわかる。
(2) Bは濃硝酸にも熱濃硫酸にも溶けないので，Au である。
(3) AとDのイオン化傾向の大きさがわかる。Aの方がイオン化傾向が大きいのでDを浸しても変化がない。よって，A が Zn であり D が Fe。
(4) ダニエル型の電池では，イオン化傾向の大きい金属が負極になる。よって，C が Cu で E が Ag である。電池については p.160 〜 161 で説明する。

# 電池①

## 1　電池の原理

これだけ！　**電池は化学エネルギーを電気エネルギーに換える装置**

● **化学エネルギー**：物質がもつエネルギー。

● **電池（化学電池\*）**：酸化還元反応によって放出される化学エネルギー
を，電気エネルギーに換える装置。電池では，酸化反応と還元反応を別
の場所で行わせ，これらを導線で結ぶことで電子の移動を起こし，電流
を取り出す。

　　　\*化学エネルギーを電気エネルギーに換える電池を**化学電池**というの
　　　に対して，太陽電池（光エネルギーを電気エネルギーに換える電池）
　　　のような，化学反応以外の方法をとる電池を**物理電池**という。

● **電気分解**：電気エネルギーを利用して酸化還元反応を起こす操作。

● **電池のしくみ**：イオン化傾向の
異なる2種類の金属を電極として
電解液に浸し，両極を導線で結ぶ
と，イオン化傾向の大きい金属が
電解液中にイオンとなって溶け出
し，電極に電子が残る（**酸化反応**）。
この電子が導線を移動して反対側
の電極に運ばれることで電流が生
じる。運ばれた電子は，陽イオン
に受け取られる（**還元反応**）。

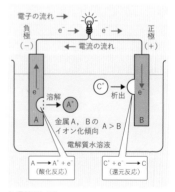

↑ 電池のしくみ

- **負極**：酸化反応が起こる側の電極。

- **正極**：還元反応が起こる側の電極。

- **電解液**：両極を浸す電解質水溶液。

- **起電力**：両極間に生じる電位差（電圧）。

- **活物質**：電池内で酸化還元反応に直接かかわる物質。

> **注意！**
> **電子は負極から正極に向かって流れる。しかし、電流の向きは正極から負極へ**流れると定義されている。これは、電子が発見される前に電流という考え方が確立されたからである。

### よく出る！ 電池の電極

|  | 2種類の金属を組み合わせた電池の<br>イオン化傾向 | 反応の種類 | 電子の流れ |
|---|---|---|---|
| 負極 | イオン化傾向の大きい方の金属 | 酸化反応 | 流れ出る |
| 正極 | イオン化傾向の小さい方の金属 | 還元反応 | 流れ込む |

---

**COLUMN**

#### ボルタ電池

イタリアの物理学者ボルタは、1800年頃、食塩水に浸した布を異なる2種類の金属ではさむことにより、電流を取り出す装置を発明した。これをもとに考案されたのがボルタ電池である。

このボルタ電池をきっかけとして、その後も様々な電池が開発されることになった。

●電池式

　$(-)Zn \mid H_2SO_4aq \mid Cu(+)$

●電極反応

　正極：$2H^+ + 2e^- \longrightarrow H_2$
　負極：$Zn \longrightarrow Zn^{2+} + 2e^-$
　全体：$Zn + 2H^+ \longrightarrow Zn^{2+} + H_2$

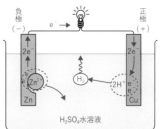

**これだけ!** 👉 **ダニエル電池の電極の反応を覚える**

- **ダニエル電池**：銅板を濃い硫酸銅(II)水溶液に浸したものを正極, 亜鉛板を薄い硫酸亜鉛水溶液に浸したものを負極として, 両極の間を素焼き板で隔てた電池。

- **ダニエル電池の反応**：ダニエル電池では次のような反応が起こる。

  ① 亜鉛 Zn 板（負極）で, Zn が $Zn^{2+}$ となって溶液中に溶けだす。

  ② 生じた電子 $e^-$ が導線を通って銅 Cu 板（正極）に運ばれる。

  ③ 電解液中の $Cu^{2+}$ が電子 $e^-$ を受け取って, 正極に銅 Cu が析出する。

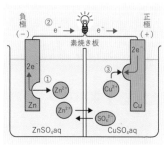

↑ ダニエル電池

  ● 電池式（電池の構造を表す式）

  $$(-)Zn \mid ZnSO_4aq \mid CuSO_4aq \mid Cu(+)$$
  　　負極　　　電解液　　　電解液　　　正極

  ● 電極反応

  正極：$Cu^{2+} + 2e^- \longrightarrow Cu$

  負極：$Zn \longrightarrow Zn^{2+} + 2e^-$

  全体：$Zn + Cu^{2+} \longrightarrow Zn^{2+} + Cu$

- **素焼き板の役割**：両極の間にある素焼き板は, 2種類の溶液が混ざるのを遅らせるはたらきがある。素焼き板には細孔が多数あり, イオンの移動が行われる。もし, 完全に混ざらないようにガラス板などを入れると, イオンの移動による電荷の移動がなくなるため, 水溶液に電流は流れなくなってしまう。

# EXERCISE

ANSWER

☑ **01** ★★★ イオン化傾向の異なる2種類の金属を導線で結んで電解質水溶液に浸すと、電流が生じる。イオン化傾向の大きな金属は ▢ されて陽イオンとなり、水溶液中に溶け出す。

酸化

☑ **02** ★★★ 酸化還元反応に伴って放出されるエネルギーを電気エネルギーとして取り出す装置を ▢ という。

電池

☑ **03** ★★★ 電池において、導線から電子が流れ込む電極を ▢ 極という。

正

☑ **04** ★★★ 一般に、電池ではイオン化傾向の［大きい 小さい］金属が負極となる。

大きい

☑ **05** ★★★ ダニエル電池は、負極の電解質水溶液に ▢ 水溶液、正極の電解質水溶液に硫酸銅(II)水溶液を用い、さらに両水溶液をセロハンや素焼き板で仕切っている。

硫酸亜鉛

☑ **06** ★★★ 次のような式で表されるダニエル電池を外部回路に接続したとき、回路に関する①～③の記述のうち正しいものを選べ。

$$(-)Zn \mid ZnSO_4aq \mid CuSO_4aq \mid Cu(+)$$

① 電流は、亜鉛板から外部回路を通って銅板に流れる。

② 負極では、$Zn \longrightarrow Zn^{2+} + 2e^-$ の反応が進行する。

③ 負極の亜鉛板の質量変化と、正極の銅板の質量変化は等しい。

ANSWER ②

解説 ① 電子は亜鉛板から導線を通って銅板に移動するが、電流はその逆向きに流れる。

② 亜鉛は銅よりもイオン化傾向が大きいため、負極で酸化される。

③ 全体の反応は、$Zn + Cu^{2+} \longrightarrow Zn^{2+} + Cu$ となるから、物質量の変化は等しいが、Zn と Cu ではモル質量が異なるため、質量変化は異なる。

# 電池②

## ① 実用電池

これだけ！ 充電できる二次電池，充電できない一次電池

● **放電**：電池から電気エネルギーを取り出すこと。

● **充電**：外部から電流を流して，電池の起電力を回復すること。

● **一次電池**：放電だけできる電池。
   例 マンガン乾電池，アルカリマンガン乾電池，リチウム電池

● **二次電池**：放電により低下した起電力を，充電で回復することができる電池。
   例 鉛蓄電池，ニッケル・カドミウム電池，ニッケル・水素電池，リチウムイオン電池

## ② 一次電池

これだけ！ マンガン乾電池は一次電池

● **マンガン乾電池**：負極活物質に亜鉛 Zn，正極活物質に酸化マンガン(IV) $MnO_2$，電解質水溶液に塩化亜鉛 $ZnCl_2$ を主成分とする水溶液を用いた一次電池。起電力は 1.5 V。

● **マンガン乾電池の利用例**：リモコンなど，日常生活で広く使われている。

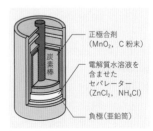

正極合剤
($MnO_2$，C 粉末)

電解質水溶液を合ませたセパレーター
($ZnCl_2$，$NH_4Cl$)

負極(亜鉛筒)

炭素棒

↑ マンガン乾電池

## ⑨ 二次電池

これだけ！ 🖐 **鉛蓄電池，リチウムイオン電池は二次電池**

- **鉛蓄電池**：負極活物質に鉛 Pb，正極活物質に酸化鉛(IV)$PbO_2$，電解質水溶液に希硫酸を用いた二次電池。起電力は 2.0 V。

- **鉛蓄電池の利用例**：**自動車のバッテリー**に使われている。

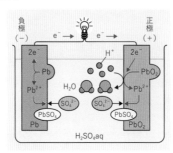

↑ 鉛蓄電池

- **リチウムイオン電池**：負極にリチウムイオンを吸蔵した黒鉛 C，正極にコバルト(III)酸リチウム $LiCoO_2$，電解質水溶液にリチウム塩を含む有機溶媒を用いた，化学反応を一切伴わずイオンと電子のみが関与する二次電池。起電力は 4.0 V。

- **リチウムイオン電池の利用例**：**スマートフォン**や**ノートパソコン**などの電子機器に使われている。

**これだけ！** 👉 燃料電池は二酸化炭素が発生しない

- **燃料電池**：負極活物質に水素などの燃料を用い，正極活物質に酸素を用いた電池。用いられる電解質水溶液の違いにより，リン酸型，アルカリ型，固体高分子型などがある。

- **燃料電池の利用例**：**家庭の電源**や**自動車**などに使われている。

- **水素燃料電池**：燃料電池の中でも，特に水素を燃料とするもの。

- **水素燃料電池の反応**：電池全体の反応式は次のようになる。これは，**水素と酸素から水が生じる反応**である。

$$2H_2 + O_2 \longrightarrow 2H_2O$$

- 電池式
  $(-)Pt \cdot H_2 \mid H_3PO_4aq \mid O_2 \cdot Pt(+)$

- 電極反応
  正極：$O_2 + 4H^+ + 4e^- \longrightarrow 2H_2O$
  負極：$H_2 \longrightarrow 2H^+ + 2e^-$
  全体：$2H_2 + O_2 \longrightarrow 2H_2O$

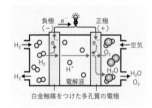

白金触媒をつけた多孔質の電極

⬆ 水素燃料電池（リン酸型）

- **水素燃料電池の利点**：生成物が水のみであり，二酸化炭素が発生しないため，**環境への負荷が小さい**。

## EXERCISE

ANSWER

☐ 01 ★★★ 電池から電気エネルギーを取り出すことを放電といい，電気エネルギーを取り出すともとの状態に戻すことができない電池を ☐ 電池という。

**一次**

☐ 02 ★★★ 放電のときと逆向きに電流を流し，起電力を回復させる操作である ☐ を行うことによって繰り返し使用することができる電池を二次電池という。

**充電**

☐ 03 ★★★ 一般の自動車のバッテリーに使われているのは，鉛蓄電池である。負極に ☐ ，正極に酸化鉛(IV)，電解液に約 38% の希硫酸が使われている。

**鉛**

☐ 04 ★★★ 携帯電話やノートパソコンなどに使用されている ☐ 電池は，負極にリチウムを含む黒鉛，正極にコバルト(III)酸リチウムなどが主に用いられている。

**リチウムイオン**

☐ 05 ★★★ ☐ 電池では水素などの燃料と酸素を用いて酸化還元反応のエネルギーを電気エネルギーとして取り出している。

**燃料**

☐ 06 ★★☆ 次の選択肢のうち，二次電池であるものをすべて選べ。
ア　アルカリマンガン乾電池　　イ　ダニエル電池
ウ　リチウムイオン電池　　エ　ニッケル・カドミウム電池
オ　リチウム電池　　カ　鉛蓄電池　　キ　マンガン乾電池

----

ANSWER ウ，エ，カ

解説 充電が可能な電池を二次電池といい，代表的なものに鉛蓄電池やリチウムイオン電池・ニッケル・カドミウム電池などがある。一方で充電が不可能な電池を一次電池といい，代表的なものにマンガン乾電池やアルカリマンガン乾電池などがある。名前が似ている電池にリチウム電池とリチウムイオン電池があるが，前者は一次電池，後者は二次電池である。

# SECTION 40

# 金属の製錬

## 1　鉄の製錬

### これだけ！ 赤鉄鉱や磁鉄鉱を還元して鉄を得る

- **製錬**：鉱石中の酸化物や硫化物などを**還元**して，金属の単体を取り出す操作。

- **鉄 Fe の製錬**：**赤鉄鉱**（主成分 $Fe_2O_3$）や**磁鉄鉱**（主成分 $Fe_3O_4$）などの鉱石を，**コークス** C から生じた一酸化炭素 CO を用いて溶鉱炉内で還元し，製造する。

$$Fe_2O_3 + 3CO \longrightarrow 2Fe + 3CO_2$$

↑ 鉄の製錬

- **銑鉄**：溶鉱炉から得られる鉄。炭素を約 4 ％含んでおり，**硬くてもろい**。

- **鋼**：銑鉄を**転炉**に移して酸素を吹き込み，炭素を燃焼させて取り除き，炭素の含有量を 0.02 〜 2 ％にした鉄。

## 2　銅の製錬

### これだけ！ 黄銅鉱を加熱し，電気分解をして銅を得る

- **電解精錬**：電気分解を利用して，**不純物を含んだ金属から純粋な金属を取り出す**操作。

- 銅 Cu の製錬：**電解精錬**により製造する。
  ① **黄銅鉱**（主成分 $CuFeS_2$）に石灰石やけい砂 $SiO_2$ を混ぜて加熱し、硫化銅(I) $Cu_2S$ を得る。
  ② 得られた硫化銅(I) $Cu_2S$ に空気を吹き込みながら加熱すると、硫黄 S が二酸化硫黄 $SO_2$ となって除かれ、**粗銅**（純度約 99 %）が得られる。
  ③ 粗銅を陽極、純銅を陰極とし、硫酸酸性の硫酸銅(II)水溶液を電解質水溶液として電気分解すると、純銅（純度 99.99 %以上）が得られる。

## 3 アルミニウムの製錬

 **溶融塩電解によりアルミニウムを得る**

- **溶融塩電解**：イオン化傾向の大きい金属（Li・K・Ca・Na・Mg・Al など）の塩化物、水酸化物、酸化物を加熱・融解して液体にし、**水を含まない状態で電気分解**して単体を得る操作。

- **アルミニウム Al の製錬**：**溶融塩電解**により製造する。
  ① **ボーキサイト**（アルミニウムの鉱石・主成分 $Al_2O_3 \cdot nH_2O$）を精製して、酸化アルミニウム（アルミナ）$Al_2O_3$ を得る。
  ② 約 1000 ℃に加熱して融解させた**氷晶石** $Na_3AlF_6$ にアルミナを溶解させ*、炭素電極で電気分解すると、融解状態のアルミニウムの単体が得られる。

*アルミナの融点は 2000 ℃以上と非常に高く、アルミナだけを融解しようとすると多くのエネルギーが必要になる。そこで、氷晶石（融点約 1000 ℃）の融解液にアルミナを溶かすことで、必要なエネルギーを小さくしている。

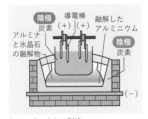

↑ アルミニウムの製造

アルミニウムの溶融塩電解では、両極で次のような反応が起こる。
（陽極）　$C + O^{2-} \longrightarrow CO + 2e^-$
　　　　　または
　　　　　$C + 2O^{2-} \longrightarrow CO_2 + 4e^-$
（陰極）　$Al^{3+} + 3e^- \longrightarrow Al$

# EXERCISE

**ANSWER**

☑ 01 ★★★ 自然界に存在する鉱石に含まれる酸化物や硫化物などを還元して金属の単体を取り出すことを，金属の ▢ という。

**製錬**

☑ 02 ★★★ 鉄の製錬によって得られる ▢ は，炭素を約4％含んでおり，硬くてもろいという性質がある。

**銑鉄**

☑ 03 ★★☆ 炭素の含有量が約 2 〜 0.02 ％ の鉄を ▢ という。

**鋼**

☑ 04 ★★★ 粗銅と純銅の電極を用いた硫酸銅(Ⅱ)水溶液の電気分解は，純銅の工業的製法としても重要であり，粗銅から電気分解により純銅を得るプロセスは， ▢ とよばれる。

**電解精錬 (銅の電解精錬)**

☑ 05 ★★★ 常温で固体の物質を加熱し，融解させた高温の液体を電気分解することにより金属の単体を得る方法を， ▢ という。

**溶融塩電解**

☑ 06 ★★★ 次のア〜エのうち，下線部が誤っているものをすべて選べ。

ア 鉄は，赤鉄鉱や磁鉄鉱などの鉱石を<u>酸化</u>することで得られる。

イ 電解精錬や溶融塩電解は，いずれも<u>電気分解</u>を利用した金属の製錬方法である。

ウ 純銅を得るためには，<u>粗銅を陽極，純銅を陰極</u>として電気分解を行う。

エ 単体のアルミニウムは，自然界に存在する<u>アルミナ</u>という鉱石を精製し，その後電気分解を行うことによって得られる。

**ANSWER** ア，エ

**解説** ア 鉄の単体は，鉄の酸化物を主成分とする赤鉄鉱や磁鉄鉱などの鉱石を還元することによって得られる。

エ アルミニウムの原料となる鉱石はボーキサイトであり，これを精製することによってアルミナを得る。

# さくいん

# さくいん

**INDEX**

# さくいん

## 物質名

INDEX

THE HANDBOOK FOR SUCCESS
IN ENTRANCE EXAMS
ESSENTIAL POINTS OF
**BASIC CHEMISTRY**

## COMPACT SERIES

### これだけおさえる！
# 化学基礎の要点整理

**編集協力**
株式会社ダブルウイング
出口明憲

**ブックデザイン**
堀 由佳里

**イラスト**
STOMACHACHE.

**データ作成**
株式会社四国写研

**図版**
株式会社ユニックス

**企画・編集**
徳永智哉・荒木七海